U0868602

國立暨南大學法律叢書
影印本編輯委員會

名譽主任：崔建遠

主　　任：朱羿錕

副 主 任：劉　穎　徐　瑄

委　　員（以姓氏拼音爲序）：

崔建遠　郭　鵬　郭宗杰　胡鵬翔

賈學勝　李伯僑　李健男　李　莉

梁玉霞　廖煥國　劉文静　劉　穎

喬素玲　湯文平　汪傳才　徐　瑄

楊春華　楊　丹　張鴻巍　趙克祥

鍾瑞棟　周顯志　朱羿錕

國立暨南大學法律叢書

民法債編總論

影印本

【李謨 黃景柏 編著】

暨南大學出版社
JINAN UNIVERSITY PRESS
中國·廣州

圖書在版編目（CIP）數據

民法債編總論/李謨，黃景柏編著. —影印本. —廣州：暨南大學出版社，2017.8
（國立暨南大學法律叢書）
ISBN 978-7-5668-2168-3

Ⅰ.①民…　Ⅱ.①李…②黃…　Ⅲ.①債權法—研究—中國　Ⅳ.①D923.34

中國版本圖書館CIP數據核字（2017）第183752號

民法債編總論（影印本）
MINFA ZHAIBIAN ZONGLUN （YINGYINBEN ）
編著者：李　謨　黃景柏

出 版 人：徐義雄
策劃編輯：李　戰
責任編輯：黃　穎
責任校對：鄧麗藤
責任印製：湯慧君　周一丹

出版發行：暨南大學出版社（510630）
電　　話：總編室（8620）85221601
營銷部（8620）85225284　85228291　85228292（郵購）
傳　　真：（8620）85221583（辦公室）　85223774（營銷部）
網　　址：http: //www.jnupress.com
排　　版：廣州市天河星辰文化發展部照排中心
印　　刷：佛山市浩文彩色印刷有限公司
開　　本：787mm × 1092mm　1/16
印　　張：24.75
字　　數：214千
版　　次：2017年8月影印本
印　　次：2017年8月第1次
定　　價：78.00圓

（暨大版圖書如有印裝質量問題，請與出版社總編室聯繫調換）

影印本叢書總序

國是穩固有序，百姓安康樂業，關鍵在於法治。近代以降，中華法律人篳路藍縷，以啓山林，革故鼎新，薪火相承。

暨南法科肇始於一九二七年，承傳播中華法律文化之志，先知先行，汪翰章、石頫、李謨、黄景柏、王人麟、韋維清、鄭允恭等大家鴻儒躬耕不輟，集數年之功，一九三〇年始由上海大東書局連續出版『國立暨南大學法律叢書』和『國立暨南大學法學院叢書』等系列著述，一九三一年起編輯出版《政治經濟與法律》集刊，爲中國法治奔走呼號。

然而，國運坎坷，未待國民政府實質建立社會規範，即遭強敵入侵。暨南法律人的法治夢想與國人同，始於社會動盪，夭於炮火硝煙。改革開放以來，撥亂反正，國是民生步入正軌，法治夢想重獲新生。一九八七年暨南法科順勢復辦，人才漸集，新一代暨南法律人扎根嶺南大地，承前人之志而奮起，歷三十載育六千桃李，輸送了一批又一批法治棟樑，聲播華夏、教澤五洲。

從一九二七年至二〇一七年，暨南法律人風雨兼程、上下求索，暨南法科幾經沈浮而終涅槃再生，重振輝煌。值暨南法科九十華誕之際，特將『國立暨南大學法律叢書』部分著述及《政治經濟與法律》第一卷付梓影印，以銘記先輩開拓之功，激勵同仁尚法之志，並啓迪後人前行之路！

是爲序。

朱羿錕

二〇一七年七月十日

民法債編總論

鄭洪年題

民法債編總論

李　謨　黃景柏　編著

上海大東書局印行

本書編者李謨推事

本書編者黄景柏推事

國立暨南大學校長鄭洪年先生

暨大法律叢書鑒定人石頌博士

暨大法律叢書編輯主任汪翰章教授

例言

一　本書之目的，係專作學校教本，及學生參考之用，故內容力避煩瑣，一以簡要顯明爲主，

二　年來各法科學校中，有另設判解研究一科，專門研究判例解釋中之理論者，惟離開現行法令而研究判解，不特太嫌空洞，且學者亦興致索然，本書特就前大理院及高等法院之判例解釋及最近司法院之解釋例中，擇其與條文不相抵觸者，附於各章節之後，有時亦間錄英日判例，以供參考，庶使學者於研究現行法之餘，兼可與判解中之理論相發明，較之單獨研究判解者，較易收效，

三　本書取材，除參考國外法學名著外，關於國內各著名學校之講義，如法官訓練所講義，司法講習所講義，及朝大講義等，亦均在參考之列，惟以行文之便，

徵引之處，未及一一註明，斯爲缺憾耳.

四 本書因出版倉卒，未能詳加校訂，舛誤之處，自所不免，海內明達，倘希加以指正，

國立暨南大學法律叢書

民法債編總論目錄

第三章　債之標的

國立暨南大學法律叢書

民法債編總論

第一章 緒論

第一節 債之意義

債之關係爲人與人間之權利義務關係。就權利方面言，則爲債權。就義務方面言，則爲債務。因債之關係而享受利益者，爲債權人。負擔其義務者，則爲債務人。故所謂債者，乃債權人與債務人雙方權利義務關係之總稱也。立法例中關於債編之命名，有稱爲債權法者，有稱爲債務法者，不但不足以包括債之全體，且有偏重債權者，或債務者一方立法之嫌。故本法簡稱曰債，職斯故也。

債之關係中債權之性質如何？學說上頗不一致。安遜氏 Anson 謂，「債權爲對於特定人要求特定行爲之權利。」撒維尼氏 Savigny 謂，「債權爲對於實行債權所得收取之物之權利。」此外，更有謂債權爲於他人意思上所有之權利者。又有謂爲對於他人身體上所有之權利者。惟依吾人所信，則以安遜氏之主張最爲近理。近代學者間之通說，則均認債權爲特定人，（卽債權人）對於特定人，（卽債務人）使爲特定行爲，或不行爲之權利。依此定義，分別說明債之性質如左：

（一）債者特定人對於特定人之關係也。

債之關係，爲特定人對於特定人之關係。故不獨負擔其義務者，限於特定之債務人。而享受權利者，亦限於特定之債權人，非任何人均得爲債權之行使，亦非對於任何人均得行使其債權也。例如甲欠乙千元，祇乙對甲得請求爲千元之給付，丙固不得向甲請求，乙亦不能向丙請求也。

（二）債之本質爲特定人之行爲或不行爲。

債權人得本於債之關係，請求債務人爲給付，（一九九條一項）所謂給付者，卽債務人履行債務所爲之行爲，或不行爲是也。例如締結僱傭契約者，僱用人

（卽雇主）得請求受僱人爲服勞務之行爲，學者稱之爲積極的給付。又如某甲與某乙，約定於一定期間內，某乙不得喧囂以妨害其安眠，則某乙於其約定期間內，卽負有不得喧囂之消極的義務，此卽屬於不行爲之給付，學者亦稱爲消極的給付。蓋債權爲請求特定人爲行爲或不行爲之權利，其權利之標的，卽在於債務人之行爲或不行爲，雖以物品爲給付標的之債權，其權利人亦祇能請求債務人爲交付其物品之行爲，在債權與物品之間，並無直接關係，不過因債務人履行給付之結果，使債權人享受之利益，間接及於其物品而已，非若物權之直接以其物體爲權利之目的也。

（三）債之本質，爲特定人之特定行爲或不行爲。

債權人本於債之關係，固有請求債務人爲行爲或不行爲之權，但債務人所負之義務，要須有一定之範圍，非可漫無限制，故債權人，祇能依據當事人之合意，或法律上之直接規定，於一定範圍之內，有請求債務人爲某種特定行爲或不行爲之權，無論依何方式，若使債務人受無限制之拘束則非法律之所許也。

債之性質已如上所述；至債之給付標的，應否以有財產上之價格者爲限？學者間頗有爭論，在從前各國立法例，及一般學者間之主張，均忸於舊習，認爲債之標的，應以有財產上之價格者爲限，非有金錢上價値之債權，卽不能發生法律上之效力。降及近世，則主張不應限於有金錢價格之說者漸多，各國民法典中，有以明文規定，以免實際上之爭議者，本法一百九十九條二項，亦明白規定債之給付，不以有財產價格者爲限，誠以債之目的，原在滿足吾人生活上之需要，而事實上能滿足吾人之需要者，固不限於有金錢價値之給付，卽與金錢無關之債權，有時亦同樣適應人類之需要，法律上自應一律予以保護也。

第二節　債權與物權之區別

（一）性質上之區別。

債權與物權，同屬於私權中之財產權，惟物權爲直接支配其物之權利，而債權則爲對於特定人之權利，物權之客體爲其權利所支配之物，而債權之客體則爲特定人之行爲或不行爲，因物權爲直接對於物上之權利，故凡關於其物上所有之權利，得對任何人主張之，債權則爲對人的權利，故除特定之債務人以外，不得對第三人行使其債權，此其性質上之差異也。

（二）效力上之區別。

凡就同一標的物，發生二以上之物權時，則先發生之物權，優於後發生之物權，學者稱之爲優先權。債權則不然，雖數債權人，對於同一債務人，先後發生數個債權，而其效力，仍一律同等，在債務人破產時，同以債務人之總財產，依債權額平均分配，不問其發生之先後也。且物權之效力，强於債權，凡債權享有物上擔保者，得就其物拍賣，先受清償，而普通債權，則無此優先之權利。不寧惟是，凡屬物權，無論其權利標的物，輾轉歸於何人之手，均得追及其物之所在，以行使其權利，學者稱之爲追及權。債權則爲對於特定人行使之權利，故除債務人以外，則不得對第三人主張其權利也。

判例

物權之一般效力，較之普通債權者，當然享有優先之權利，不因他之普通債權者發生而受何種之限制。（二年上字四六號）

就同一標的物，發生二以上之物權，若不能更有特別優越之力，則先發生之物權，優於後發生者。（二年上字四六號）

凡屬物權，無論其權利標的物，輾轉歸於何人之手，得追及其物之所在，而行使其權利。（八年上字九五二號）

第三節　債權之對世性

債權有無對世性，卽第三人之侵害債權，能否成立侵權行爲，向來學者分積極消極兩說；主消極說者，謂債權爲對人的請求權，其義務人限於特定之債務人，本無對抗第三人之效力，故雖第三人侵害其債權，亦不能成立侵權行爲。主積極說者則反是，安遜氏 Anson 謂，「權利之排外力，爲一般權利之本質，債權雖爲特定人與特定人間之關係，而一般人亦應爲相當之尊重，苟有不法之侵害，自得藉法律之力排除之。」此兩說均各言之成理，惟在今日之趨勢，則以主張積極說者占最多數，英日各國，並著爲判例，我國前北京大理院，亦採同樣之主張，就實際上觀察，亦以採積極說爲優，蓋債權既爲法律上正當之權利，自應使第三人對之爲相當之尊重，如果不認其有對世性，任諸第三人之侵害而不顧，即於債權之保護上，太嫌薄弱也。

判例

凡所謂權利者不問親權夫權之親族權，與物權債權中之財產權，其權利之性質雖有不同，而其有不許侵害之對世性的效力，無論何人負有不得侵害之消

極的義務，則無不同，蓋此對世的不可侵害之效力，實爲一切權利之通有性，債權不能獨爲例外也。（日本大正三年大審院判例）

不問標的如何，債權人有不得侵害其債權履行之對世性。（英國一八五三年判例）

凡代債務人淸償債務，而將債務人所託與淸償債務之金錢物品，自行消費，致債權人不能及時受淸償者，則對於債權人，卽爲侵權行爲，債權人固不妨更向債務人請求淸償，而亦得向該人請求賠償損害。（北京大理院三年上字八三六號判例）

唆使債務人，故意不履行債務，致債權人受有損害者，對於債權人卽爲侵權行爲，自應賠償其損害。（同上三年上字一〇二五號判例）

第四節　我國債編之編纂

債之關係，爲民法之一部，我國向無獨立之民法，自前清末年，始有民律草案之編訂，嗣雖迭經修改，但未頒布施行，無法律之效力。故民國以來，關於債之方面所適用者，仍爲大清現行律中民事繼續有效部分，以人羣日常生活之規律，而無完整之法典爲之準繩，頗爲缺憾，國民政府成立，立法院努力於各項法律之整理及改訂，民法總則，乃於十八年五月二十三日公佈，旋經中央政治會議，於第一百八十三次會議通過民法債編立法原則，於同年六月五日送立法院，爲債編之編訂，經先後開會一百五十餘次，歷時五閱月，始於同年十一月五日會議全部通過，呈經國民政府，於同年十一月二十二日公佈，並於十九年五月五日施行，計分二章，凡六百零四條，其內容則仿瑞士之例，治民商爲一爐，蓋因我國向例，四民同受治於一法，固無庸强爲民商之劃分，況商法所可規定者，僅爲具有商業性質之事項，而法律上之一般原理原則，仍須援用民法，而商法上最重要之買賣契約，且多在民法中規定，是所謂商法者，僅爲補充民法之用而已，實無另編一法典之必要也。

第二章　債之發生

第一節　總論

債之關係一經發生，則債權人與債務人間之權利義務卽隨之而起，然法律上規定某種權利之發生，其權利人必先有其應享利益之道，同時義務人之所以負擔義務，亦必有其應盡義務之理，本章所謂債之發生者，卽規定債權債務關係所以發生之通常原因也。

債之發生之原因，其最普通而習見者，多由於當事人之法律行爲，其中有基於當事人雙方意思表示之合致而成立者，契約其代表也；有基於當事人之一方意思表示而成立者，代理權之授與卽其例也；（代理權之授與爲單獨行爲而非委任契約參考代理權授與節內說明）此外尙有由於法律行爲以外之一定事實而發生債之關係者，如無因管理不當得利是也；法律上不正當之違法行爲，苟具備一定要件，亦足以發生債之關係，如侵權行爲卽其例也。

由上所述，可知債之關係之發生，在當事人間不必先有成立債之關係之意思，有時因基於一定事實之發生，或某種行爲之結果，則法律上之權利義務卽隨之以生。如不當得利之受益人，在受益當時，決無欲與損害者間發生債之關係之意思；侵權行爲之加害人，在行爲當時，亦絕無欲對被害人負擔債務之理；特法律上因基於公益之理由，對於此項事實或行爲，不問當事人之意思如何，必使之發生債之關係，故亦爲債之發生之重要原因，此吾人應注意者也。

關於債務之名稱，學者間往往有分爲法定債務及自然債務者，前者乃法律上明文所規定，債務人必須履行之債務也；後者不必履行之債務，卽履行與否，一任債務人之自由，債權人不得藉訴權請求強制履行，惟債務人如自願履行時，則債權人亦自有受領之權利，嗣後不得本於不當得利爲理由而請求返還，此自然債務之特點也。我國民法雖無自然債務之名稱，但於履行道德上義務之給付，亦有不得本於不當得利請求返還之明文，（一八〇條一款）是亦承認自然債務之存在也。

於此尚有應加說明者，卽除民法債編所規定之債外，尚有附隨於物權之債，附隨於親屬之債，以及本於遺囑而生之債，因其性質以分列於物權親屬及繼承各編爲宜，其因票據法交易所法等等所生之債，亦以讓之各該特別法之說明爲便，故均不屬債編研究之範圍。可知債編之規定，不足以包括債之全體，世有誤爲除債編以外，其餘各編卽無債之規定者，實係大謬，此亦吾人應注意之點也。

第二節　契約

第一款　契約之意義

通常發生債之關係之原因，由於當事人之契約者，占最多數。契約者，卽有二以上之數個相對應的意思表示，彼此互相合致之法律行爲也。準此，則契約之成立，

應具備之要件如左

（一）契約之成立，必須有二以上之意思表示。

此種意思表示，在起意人方面稱爲要約，相對人方面謂之承諾，凡契約之構成，必須有此二以上之意思表示爲其基礎，而後方有成立契約之可能。此與單獨行爲祇須由一方意思表示而卽發生效力者，截然不同。

（二）訂立契約之意思表示，須有互相對應的內容。

所謂相對應者，卽當事人雙方所爲之意思表示，須對於同一事物有相對應意味之表示之謂。如兩方欲訂立關於讓與物品之契約，一方須有取得讓與物之表示，他方須有讓與所有物之表示，有此取得與讓與之互相對應之兩種意思表示，而後契約方能成立。

（三）契約之成立，必須彼此所爲意思表示之合致。

所謂合致者，須具備二要件，始能成立：一爲客觀的合致，卽二個以上之意思表示，在客觀具有同一之內容，例如買賣契約，一方願買，一方願賣，自客觀言之，均在發生交價及交物之債務，其內容固相一致也；一為主觀的合致，即須各當事人有欲使自己意思表示，與他造意思表示相結合，而發生法律上效力之意思也。

契約又有廣義狹義之別，凡汎指二人以上以發生私法上之效果為目的之意思表示之合致而言者，屬於廣義之契約。狹義之契約，係專指以創設債之關係為目的之意思表示之合致而言。債編中之契約，專以發生債之關係為目的，其性質當然為狹義之契約，固不待言。

第二款　要約

第一項　要約之意義

契約之基礎，為要約與承諾，前已言之。要約者，乃契約當事人之一方，以訂立契約為目的，為喚起相對人之承諾起見所為之意思表示也。要約係意思表示之一種，故須具備民法總則所定一般意思表示之要件，茲更分析要約之特質，說明如下：

（一）要約須對欲與締結契約之相對人爲之。

要約之目的，原在欲得相對人之承諾以成立契約，故要約須對欲與締結契約之相對人爲之，蓋非如是，不能達到成立契約之目的也。

（二）要約須爲確定的意思表示。

要約之內容如不確定，則相對人無從表示承諾。故要約人欲達成立契約之目的，則其要約必須爲確定的意思表示。於此吾人應加注意者，卽要約與要約之引誘之區別是已。要約之引誘，係欲引誘他人對自己爲要約，實爲訂立契約之準備行爲，在被引誘人合意後，尙須再經要約及承諾之過程，方能成立契約，非若要約既表示後，一經相對人承諾，立卽成立契約也。故要約之引誘，並不生法律上之效果，非如要約之有形式的及實質的效力也。公共地方所貼火車輪船價目表，卽係要約之引誘而非要約。此兩者，區分甚微，而所關甚大，不可不注意也。

（三）要約須有立卽成立契約之準備。

要約一經承諾，則契約立卽成立。故凡屬契約之主要內容，爲要約時均須明白表示。關於成立契約所應有之準備，爲要約時亦須具備。蓋非若斯，則相對人卽不能逕行承諾，立時成立契約也。

要約之意義雖如上述，惟實際上對於特種事件，應否認爲要約，頗難確定。我民法債編爲免事實上之爭議起見，明定「貨物標定賣價陳列者，視爲要約；但價目表之寄送，不視爲要約。」（一五四條二項）所以杜無益之爭也。

第二項　要約之效力

要約既經合法表示後，則發生兩種效力：（一）形式的效力，又名拘束力，卽要約人爲要約後，於一定期間內不得任意撤回其要約之效力也。（二）實質的效力，又稱承諾適格，卽相對人對於要約一經承諾，立卽能成立契約之效力也。要約之形式的效力，要約人得預先排除之。故如要約人於要約當時預先聲明不受拘束或依其情形或事件之性質可認爲當事人無受其拘束之意思者，則此項要約，卽不生形式的效力，要約人得隨時撤回之。（一五四條一項但書）但在未撤回之前，其實質的效力，仍自存在，相對人仍得對之爲承諾以成立契約，此卽有實質的效力而無形式的效力之要約也。惟有形式的效力者，則必有實質的效力，何哉，因要約如無實質的效力，則相對人卽不能對之爲承諾，根本上已不具備要約之本質，自無從發生拘束要約人之效力也。玆更將要約之兩種效力分別說明如左：

（一）要約之形式的效力。

要約應否有拘束要約人之形式的效力，各國立法例不一致，大陸派則認要約應有拘束之效力。我國民法仿之，明定除要約當時預先聲明不受拘束或依其情形或事件之性質可認當事人無受其拘束之意思者外，凡契約之要約人因要約而受拘束。（一五四條一項）蓋非如此，不足以保護相對人之利益而維交易之安全也。惟如永久保持此種拘束力，使要約人不得撤回，則要約人未免拘束太甚，故法律上規定祇須經過一定之期間，要約卽失其拘束力，關於其期間之規定如下：

（甲）要約定有承諾期間者，在其期間內有拘束力。（參閱一五八條）

要約人得任意定相當期間使相對人爲承諾，在此期間之內，要約人當然不能撤回。何者，因要約人在要約當時，旣明定有承諾期間，可知在此期間以內，要約人有維持其要約之意思，以待相對人之確答，故法律上規定在此期間內，不得撤回其要約，正與要約人之原意相符。在相對人方面，旣自信於其期間內爲承諾必能成立有效之契約，則必有種種契約成立後之準備，如果不認要約在此期間內有拘束力，則相對人必蒙不測之損害。故爲保持交易上之安全起見，在此期間內決無允許要約人得任意撤回之理。至一經逾期，則要約之效力已失，自無拘束要約人之效力也。

（乙）向非對話人爲要約，依通常情形，可期待承諾之達到時期前有拘束力。

（一五七條參照）

向對話人爲要約，相對人如不立時承諾，其要約卽失效力，自不生拘束力之問題。如向非對話人爲要約而定有承諾期間者，亦應適用（甲）項規定辦理，惟在非對話者間之要約而又未定承諾期間者，則在依通常情形可期待承諾之到達前，應有拘束要約人之效力，庶足以保護相對人之利益，過此期間，要約人自得隨時撤回之。蓋相對人在可爲承諾之期間內而不爲承諾，法律上自無更予保護之必要也。惟所謂可期待承諾到達之期間，純係事實上之問題。因事件之性質及距離之遠近與交通之方法等情形而不能盡同。凡事件複雜者，應予以較長之考慮期間，距離較遠或交通不便者，當多留程期以待其到達。故適用時應各方兼顧，依社會一般趨向以客觀態度決之，法律上固不能定一具體標準也。

（二）要約之實質的效力。

實質的效力之意義，前已說明。凡要約之有實質的效力者，相對人得隨時對之爲承諾以成立契約，缺此效力，則雖有相對人之承諾，亦無成立契約之可能。

第三項　要約之消滅

要約遇下列諸事由而消滅：

（一）承諾期間之經過。

要約之定有承諾期間者，一經過期，其要約卽失效而歸於消滅。故過期後之承諾，不生承諾之效力。因此時要約已不存在也。我民法債編第一五八條定明：「要約定有承諾期限者，非於其期限內爲承諾，失其拘束力。」實則此時要約已因逾期而消滅，不僅失去形式的效力，卽實質的效力，亦不存在也。故拘束力字樣，實係用語不當。一五五條一五六條亦同係錯誤。在舊民法草案於此等地方，均用失其效力字樣，而於要約之有拘束力者，用不得撤囘字樣，以示區別，實較允當。

（二）相對人之拒絕。

要約一經拒絕，卽失其效力。蓋要約之目的，原在欲得相對人之承諾，以達成立契約之目的。如要約人已表示拒絕，是根本無訂約之望，無庸要約人再爲撤囘之手續，（一五五條失其拘束力之字樣欠妥）其結果卽與未爲要約同，故拒絕爲消滅要約之重要原因。至要約人之相對人，對於原來之要約擴張限制，或變更而爲承諾者，視爲拒絕原要約。（一六〇條二項）蓋承諾須與要約之表示全相合致，旣將原要約加以改動，卽非單純承諾，故法律上視爲拒絕原要約。惟如絕對否認此種承諾之效力，殊與當事人間多所不便，法律上爲顧及實際上之便利起見，於此時視爲拒絕原要約而爲新要約，（一六〇條二項）俾原要約人得對之爲承諾以成立契約。

（三）要約人之撤回。

要約一經撤回，卽與自始未爲要約同，故撤回亦爲消滅要約之一原因。惟撤回要約，須在相對人未承諾前方得爲之，且除預先聲明不受拘束或依其情形或事件之性質可認當事人無受其拘束之意思得由要約人隨時撤回外（一五四條一項但書）其餘之要約，尙須經過一定之期間，要約人方得撤回之。惟對話人間之要約，相對人如不立時承諾，則要約卽失其效力，（一五六條用拘束力字樣欠斟酌前已說明）故不生撤回之問題。

撤回要約之通知，如在要約之前到達或與要約同時到達者，則其要約自始卽不發生效力，自不生其他問題。惟撤回之通知，其到達雖在要約之後，而按其傳達方法，依通常情形，應先時或同時到達者，能否發生撤回之效力，實一極有關係之問題。依我民法一六二條所定，此時相對人應卽發遲到之通知，因此時要約人往往信其撤回爲有效，倘不予以通知，則要約人必蒙不測之損害也。相對

人如怠於爲此通知，法律上卽視其撤回爲未遲到，而仍使發生撤回之效力。（一六二條二項）

（四）要約受領人之死亡或喪失能力。

要約受領人於未爲承諾前死亡或喪失能力，通常亦爲消滅要約之一原因。惟要約受領人之繼承人，能否對要約爲承諾以成立契約，應依當事人之意思及事件之性質定之。

要約人於要約後死亡或喪失行爲能力或其行爲受限制者，其要約不因之失其效力。因要約爲意思表示之一種，依民法總則之規定，表意人之意思表示，不因此等情事失其效力也。（九五條二項）

第三款　承諾

第一項　承諾之意義

承諾者，乃要約受領人之一方，以成立契約爲目的，對於他方之要約爲表示同意之意思表示也。此種意思表示，除須具備民法總則所定一般意思表示之要件外，更須具備下列各要件：

（一）承諾須向要約人爲之。

承諾之目的，原在對要約表示同意以成立契約，故其表示必須向要約人爲之。至表示承諾之方法，則視兩者間爲對話或非對話而異。依法律所定，亦有無須爲承諾之表示而同樣能成立契約者，其情形有三：（甲）依習慣承諾無須通知者，（乙）依事件之性質承諾無須通知者，（丙）要約人於要約當時預先聲明承諾無須通知者是也。（一六一條）對於此三種要約，祗須於相當時期內有可認爲承諾之事實時，其契約即爲成立。（一六一條）所謂有可認爲承諾之事實者，如甲向乙爲買書之要約，而乙已於接信後將該書籍付郵寄送。又如向船夫爲擺渡之要約，而船夫已將渡船搖來。凡此情形，均可認爲有承諾之事實，而兩者間之契約，即因此一定事實之實現以成立。惟於此應加注意者，即此項契約之成立，以有承諾之事實爲前提，如果實際並無足以認爲承諾之事實時，則雖預先聲明無須通知，亦不得認定其契約成立。如甲與乙相約，若乙於十日內不爲表示，卽認爲默示承諾，其後乙果於十日內不爲表示，則甲乙間之契約，仍不能認爲成立，因乙此時尙無可認爲承諾之事實足以推知其同意也。

（二）承諾須在要約之有效期間內爲之。

要約既逾有效期間，其要約爲無效，相對人雖承諾之，亦不能發生效力，故欲發生承諾之效力，必須於要約之有效期間內爲之。我民法對於遲到之承諾，視爲新要約，（一六〇條一項）蓋爲實際上之便利，非認過期後之承諾，尙能發生承諾之效力也。惟事實上承諾雖遲到，而按其送達方法，依通常情形，在相當期間內本可達到而竟遲到者，則法律上爲保護承諾人起見，使要約人負有卽發遲到通知之義務，免致承諾人因誤信其承諾爲有效而受意外之損失。如要約人怠於爲此通知，則法律上視爲未遲到，仍使發生承諾之效力。（一五九條）

（三）承諾之表示，須與要約之內容一致。契約之成立，由於要約與承諾之合致。如果承諾與要約有所差異，則契約無由成立，故將要約擴張變更或限制而爲承諾者，不能發生承諾之效力。（一六〇條二項）

（四）承諾須由接受要約之相對人爲之。在對特定人所爲之要約，可爲承諾者，祇限於被要約之特定人，或其代理人，他人雖承諾之，亦不能成立契約。惟要約受領人之繼承人，是否得爲承諾，則應解釋要約之意思而定之。至對不特定人所爲之要約，則任何人均得對之爲承諾，固不待言。

第二項　承諾之效力

承諾之效力，卽在對要約表示合致以成立契約。至承諾究應於何時發生效力，依民法總則中意思表示之規定，當事人間如爲對話時，其承諾之表示，以相對人了解時發生效力。（九四條）雙方如爲非對話，則其承諾之表示，以到達相對人時發生效力。（九五條一項）承認一經發生效力，則要約人與承諾人間之契約即行成立，而債之關係由此以生。

承諾人如欲撤囘其承諾，使其不生效力，則其撤囘承諾之通知，應與承諾同時或先時到達，方生撤囘之效力。惟撤囘承諾之通知，其到達雖在承諾之後，而按其送達方法，依通常情形，應先時或同時到達者，則要約人應向承諾人卽發遲到之通知，庶使承諾人不致因信其撤囘有效而受意外之損失。要約人怠於爲此通知者，則其撤囘承諾之通知，法律上視爲未遲到，仍使發生撤囘之效力。（一六三條）

第四款　契約之成立

契約之構成分子，爲要約與承諾，祇須此兩種意思表示互相合致，則契約卽由此完成。且其表示，不限於明示，卽默示亦無不可。（一五三條一項）惟所謂默示者，雖不必以言語行動明白表示其意義，但亦必須有他種舉動足以間接推定其意思，方爲適當，若僅爲單純之沉默，不得謂爲默示也。

所謂意思表示之合致者，祇須對於必要之點表示一致，對於非必要之點，卽未經表示意思，則法律上推定其契約爲成立。所謂必要之點，可分爲法定要件及任意要件，法定要件者，卽某種契約之成立，其法定的必要構成分子也。如買賣以支付價金及移轉標的物爲法定要件，（三四五條）贈與以無償給與及允受爲法定要件，（四零六條）凡對於契約內容之法定要件，其表意必須合致。任意要件者，卽當事人雙方預定，或當事人一方表示，必須合致也。如關於給付之時期，處所，給付物之品質等，當事人表示應約定者是。苟有此要件，其表意亦須合致。故當事人間，對此等必要之點，均已表示一致，則法律上推定其契約成立，關於該非必要之點，如雙方並無爭執者，自不生何種問題，如兩者間意思不一致時，則法院應依事件之性質定之。（一五三條二項）

當事人間如約定其契約須用一定方式者，則其約定之方式，卽成爲契約成立之要件，法律上爲尊重當事人之本意起見，使其踐行約定之方法，而後認其契約爲成立。在該約定方式未完成以前，則契約之要件不備，法律上推定其契約爲不成立。（一六六條）

關於契約成立之時期，則自承諾發生效力之時期爲開始。因在未承認以前，僅爲片面之要約，其契約構成之內容尙未具備也。至無須通知之承認，其契約之成立，則自有可認爲承諾之事實時爲始。（一六一條）

判例

契約之成立，以當事人兩造意思表示之合致爲要件。（三年上字第二四一號）

依契約通例，當事人一方要約，一方承諾，意思表示合致，契約即可成立。（三年上字五七四號）

意思表示有明示默示之別，所謂默示者，雖未以言語行動明白表示其意思，而

亦必另有他種舉動足以間接推知其意思，若單純之沉默，不得謂爲默示。（三年上字一二〇三號）

行爲人雖未明示何種意思，而依其行爲，由理論上或經驗上當然可斷定有該意思（卽係有消極的動作）者，始得謂爲有默示之意思表示。（四年上字九〇六號）

要約之定有承諾之期間者，經過所定期間時，卽失其效力，在要約人並無於所定期間外，復行催告之義務。（六年上字一三七四號）

契約之成立，應於要約到達後，相當之期間內爲承認之表示。承諾逾相當期間，於要約既失效力後始行到達者，則祇可視其承諾爲新要約。（三年上字一九五號）

契約之成立，若依契約地或當事人間之通常慣例或要約人之意思表示，其承諾可不必通知者，則自有可認爲承諾之事實時，爲其契約成立之時期。（三年

上字一九五號）

契約之要約，須包含契約成立所必要之一切內容事項，俾相對人承諾時，得逕行成立契約。（日本明治四十四年安濃津地裁判所判決）

東京市營電車駛行於線路上或在停留中，當視該電車爲運送契約之要約，乘客未受乘車之拒絕而乘車時，爲對於要約之承諾，該運送契約，卽因乘客之乘車而成立。（日本大正五年東京地方裁判所判決）

契約之成立，不必以書據爲憑，苟有人證或其他方法足以證明兩造之意思表示合致者，卽不容輒行翻悔。（七年上字一〇二七號）

凡契約當事人，如約定契約須作字據時，則其意思原以字據爲契約成立之要件，故於未作字據以前，應認其契約爲不成立。（十二年上字一一六一號）

第五款　懸賞廣告

第一項　懸賞廣告之意義

懸賞廣告者，乃廣告人以廣告爲意思表示之方法，聲明對於完結其所指定之行爲人給與以報酬者也。故懸賞廣告之成立，必須具備左列各要件：

(一)懸賞廣告之內容，必須以廣告表示之，使多數人了知其意思。

(二)懸賞廣告須對不特定人爲之。

(三)懸賞廣告之目的物，須爲行爲。

(四)懸賞廣告須聲明對於完成其指定行爲之人給與報酬。

第二項　懸賞廣告之性質

關於懸賞廣告之性質，學說上有所謂單務約束說與契約說兩種。主契約說者，謂懸賞廣告爲契約之要約，而以完成其指定行爲爲默示承諾，因完成其指定行爲人之默示承諾，而兩者間之契約即由此成立，此契約說之理論也。惟在要約受領人之爲承諾，必須先知有要約之內容，否則其承諾決無由而發生，此固承諾本質上當然之結果。但在懸賞廣告所規定，雖不知廣告之內容而完成其指定行爲者，對廣告人亦取得報酬請求權，則行爲人之完成指定行爲，決不能認無默示承認，原極顯明，是契約說之不可通，於此可見。主單務約束說者，謂廣告人係以自己一方之意思而負擔債務，非契約而爲單務約束之一種，故對於不知其廣告而完成其指定行爲者，亦應負擔給付報酬之義務。在理論上誠以單務約束說爲當。我國舊民法草案，原於債權分則中獨設廣告一章，不以之列入契約之範圍，蓋採單務約束說者也。現行民法債編，既將懸賞廣告列入契約一款以內，則解釋上自應採契約說。但在一六四條一項後段，又有「對於不知有廣告而完成該行爲之人，」亦同樣負擔給付報酬義務之明文，似於理論上有難於貫澈之弊。

第三項　給付報酬之方法

廣告人對於完成其所指定行爲之人，應負給付報酬之義務，此爲法文所明定。（一六四條一項）惟完成行爲人如先後有數人或同時有數人者，則廣告人究應如何給付其報酬，事實上不免發生困難，如法律上不予以明白規定，則實際爭議必多。民法一六四條二項卽爲解決此項困難而設。依該條規定，如廣告人對於最先通知者已爲報酬之給付，其給付報酬之義務卽爲消滅，其餘行爲人卽不得再向廣告人請求給付。法律上所以如此規定者，蓋欲避免事實上之糾紛，減省廣告人之牽累也。

第四項　懸賞廣告之撤回

懸賞廣告，應否准許廣告人撤回，學說上尚有爭議。惟依吾人所信，除廣告人預先聲明不撤回或定有期間之廣告在其期間內不得撤回外，要無不准廣告人撤回之必要。如果法律上一概限令不得撤回，則廣告人受拘束太甚，立法上似嫌太苛，故以准許其撤回爲當。惟撤回須在其指定行爲未完成以前，方得爲之，如在完成以後，則廣告人對於行爲人卽負有給付報酬之義務，自不能仍許其撤回，使彼脫卸給付報酬之義務也。

廣告人得撤回其廣告，已如上述。惟撤回時，對於行爲人因其廣告所受之損害，要不能不負相當之責任。故除廣告人證明行爲人不能完成其行爲外，對於行爲人因該廣告善意所受之損害，應負賠償之責。但其賠償額，以不得超過預定報酬額爲限。（一六五條）

第三節　代理權之授與

第一款　代理權之發生

代理權之發生，有由於法律行爲授與者，有由於法律上之直接規定者，前者爲意定代理，後者爲法定代理，關於兩者共通之規定，已見於民法總則編，債編中所規定者，乃意定代理之特別規定也。

授與代理權之法律行爲，學者稱之爲代理權之授與。關於授權行爲之性質，歷來學者均認爲與委任契約爲同一物，迨近世拉傍德 Laband 及倫奈耳 Lenol 諸氏出，始發現舊說之謬誤，而主張授權行爲爲單獨行爲之一種。因代理權之授與，祇須本人一方面將此授權之表示向代理人爲之或向其行爲之相對人爲之，則代理權卽由此發生，不必定須向代理人爲授權之表示，更不必得代理人之同意，而後發生法律上之效力，故其性質實爲單獨行爲，與委任契約絕然不同也。我民法規定代理權係以法律行爲授與者，其授與應向代理人或向代理人對之爲代理行爲之第三人以意思表示爲之，（一六七條）蓋亦採單獨行爲說者也。所謂代理人對之爲代理行爲之第三人者，如乙代甲向丙爲代理行爲，此時丙卽代理人乙對之爲代理行爲之第三人也。

代理權之性質如何，學說上頗不一致。在學者通說，均認爲係權利之一種，更有說明之爲形成權者，惟依吾人所信，則代理權實爲近似行爲能力之一種法律上狀態卽有代理權者，得代他人爲有效的法律行爲之法律上的地位。依民法總則一百零四條所定，代理人雖係限制行爲能力人，然苟經本人合法之授權，則其代理本人所爲或所受之意思表示，不因其爲限制能力而稍異。可知代理權之性質，與行爲能力頗相類似。舊說認爲係權利之一種，顯屬錯誤。又本人雖授與代理人以代理權，而代理人並不因此負有爲代理行爲之義務，足證代理權之授與根本上並不發生權利義務之關係，其編制似以列入於總則編爲當。我民法竟將其列入債之發生之範圍，認此亦爲債之發生之一原因，未免失當。（參考洪文瀾氏債編講義一四頁）

判例

未成年人爲自身負義務之行爲，與代理他人所爲之行爲，不能盡同。故苟有識別力者爲限，雖屬未成年人，亦斷無不能爲代理行爲之理。（七年上字第一五一七號）

代理關係，除法定代理外，應以本人之授權行爲爲發生原因。（四年上字第五五二號）

代理權之授與，爲法律行爲之一種，須以明示或默示之意思表示行之。（六年

上字第三八號）

第二款 共同代理

代理人祇有一人或雖有數人而各別處理不同一之事務時，其代理行爲由各代理人單獨爲之，事實上自不發生問題。惟本人如就同一事件，先後或同時授權與多數人時，則此多數代理人處理代理事務時，是否必須共同一致，抑仍得由其中一人爲之，實際上不無問題。依我民法所定，代理人有數人者，其代理行爲應共同爲之。（一六八條）可知多數代理人處理代理事務時，必須共同協力，由全體一致同意，否則卽等於無權代理，不能發生代理之效力也。惟此項規定，僅於法律別無規定或本人未爲特別指示時方見其適用，如法律另有特別規定，應卽依其規定辦理，或法律雖無特別規定，而本人另有所指示者，則爲尊重本人意思計，亦應依其指示辦理，因此非强行法規也。（一六八條但書）

第三款 代理權之變態

本人並未有授權與代理人之事實，而法律上亦使其生代理之效果者，學者名之曰代理權之變態。其情形可分爲兩種說述之：

（一）表見代理。

所謂表見代理者，卽本人雖未有授權與代理人之事實，但由本人之行爲上，依一般人之觀察，有足以認爲本人已經授權與他人之表示之謂也。於此情形，第三人必因誤信他人有代理權而與之交易，倘法律上不承認其效力，則第三人必蒙不測之損害，故爲保護交易上之安全起見，實有承認表現代理之必要，我民法明定表現代理之本人，對於第三人應負授權人之責任。（一六九條）蓋非若是，卽不足以保護第三人之利益也。

表見代理之發生，其情形有二：

（甲）由本人之行爲表示以代理權授與他人者。

依一百六十七條規定，本人如以授權與他人之意思向第三人表示者，則代理人與第三人所爲之行爲，卽係有權代理，非此處所謂表見代理也。故表見代理之發生，非由於本人向第三人爲授權與他人之表示，不過由本人之行爲上，依一般人之觀察，有足以認爲已有授權與他人之表示而已。此時雖未有授權與他人之事實，但第三人因信他人有代理權而與之爲法律行爲者，則本人對該第三人應負授權人之責任。（一六九條）

（乙）本人知他人爲其代理而不爲反對之表示者。

如甲對丙謊稱已得乙之授權而爲其代理人，此時乙知其事而不爲反對之表示時，則丙必信乙已授權與甲而對之爲法律行爲。爲保護第三人（丙）之利益起見，亦應使乙對丙負授權人之責任。（一六九條）

上述（甲）（乙）兩項規定，原爲保護善意且無過失之第三人而設。故如第三人向代理人爲法律行爲時，明知其爲無權代理，或雖不知其爲無權代理，而其不知係出於自己之過失者，則第三人無保護之必要，而本人亦無因此受損

害之理，此一百六十九條所以又有但書之規定也。（一六九條但書）

（二）無權代理之行爲而由本人承認（卽追認）者。

依理論言，代理行爲之所以應對本人生效者，原係由於本人授權之結果，既稱無權代理，卽本人並未有授權行爲，則代理人所爲之行爲，自無對本人發生效力之可能。惟法律上爲便於實際起見，於此時際，特賦與本人以承認權，使本人對於無權代理人所爲之行爲，得承認之使與有權代理發生同樣之效果。斯不特於本人有利而無弊，且第三人亦可免意外之損害，而代理人亦可卸除履行其行爲或負賠償損害之責任，實爲兩全之策。惟在本人未爲承認前，該無權代理人所爲之法律行爲，根本原與本人無關，自不能對本人發生效力，固不待言。（一七〇條一項）

對於無權代理人所爲之行爲，法律上既賦與本人以承認權，則在本人未表示承認或拒絕前，第三人之法律關係，卽立於不確定之狀態，實有損於第三人之利益，爲救濟此種缺點起見，特規定第三人得定相當期間催告本人是否承認，如本人逾期不爲確答者，視爲拒絕承認。（一七〇條二項）庶使第三人之法律關係，不至久懸不決。至第三人所定期間是否相當，係事實上之問題，應審酌各方情事定之。

承認係本人之權利，故如對於第三人之催告不願承認時，自得表示拒絕，惟拒絕係拋棄承認權之表示，故一經拒絕，卽不能更行承認，不待言也。

第三人對於無權代理人所爲之法律行爲，除得定相當期間催告本人確答是否承認外，並有撤回其行爲之權。一經撤回，卽與未有其行爲同，本人亦不得再行承認使其發生效力。惟此種撤回權之行使，須在本人未爲承認前方得爲之，（一七一條）因本人一經承認，卽與有權代理發生同樣之效力，自不能仍准第三人任意撤回也。再法律上所以賦與第三人以撤回權者，原爲保護善意不知情之第三人而設，故如第三人在與代理人爲法律行爲時，明知其無代理權

者，即係具有惡意，或自甘受法律上不確定之拘束，即無特予保護之必要，僅予以催告權已足，不得主張撤回也。（一七一條但書）

判例

無權代理人以他人名義訂立契約者，相對人得定相當期間催告本人於期間內確答是否追認，如本人不於期間內追認，即視爲拒絕追認。（九年上字第四六七號）

無權代理人所爲之行爲，非經本人追認，不得對於本人發生效力。（四年上字第一五六五號）

凡無權代理人以代理本人之意思與他人締結契約者，若經本人合法追認，則該契約即直接對於本人發生效力。（四年上字一五六五號）

無權代理，人擅以他人名義爲法律行爲，與不守本人委任之範圍而擅與他人爲法律行爲者，於用語上雖可分爲越權代理與無權代理，理論上則越權代理

亦卽無權代理之一種。（三年上字第六五四號）
自稱代理人之行爲，除經本人合法追認外，其效力不能及於本人，故相對人雖因該行爲受有損害，亦不得對於本人請求賠償。（五年上字第八一九號）
無代理權人所訂立之契約，以相對人非明知其無權代理者爲限，於本人未追認前，相對人得撤銷之。（四年上字第三七一號）
查無權代理，依據條理，善意之相對人，於本人未追認前，應有撤銷原約之權，而本人則有追認或拒絕之權，若一經合法撤銷或不予追認，卽不能反於當事人之意思更以裁判令其契約成立。（二年上字第七號）
按物權之移轉，非由有處分權之當事人爲意思表示不能發生物權移轉之效力，若僅保存他人所有物，未經所有人授以處分之權限，而有擅行代理處分該物之意思者，卽爲無權代理。設未經本人追認，該無權代理人之行爲，對於本人不能發生效力。（最高法院十七年上字一一三號）

賣主一方雖曾委託第三人代爲出賣產業（或貨物）但關於標的物價額，尙保留最後決定之權，則代理人自無全權處分。其與買主所締結之買賣契約，須經賣主明白追認，始能發生效力，否則不能强賣主負履行契約之義務。（最高法院十七年上字第一二五二號）

第四節　無因管理

第一款　無因管理之意義及其性質

未受委任並無義務而爲他人管理事務者，爲無因管理。（一七二條前段）茲分析說明如左：

（一）無因管理之標的，須係他人之事務。

此爲無因管理之第一要件，如所管理者，本屬於自己之事務，縱令誤信爲他人之事務，且以爲他人管理之意思而處理之，亦不得成立無因管理。例如法律上本應由自己負擔之債務，縱令誤信爲他人之債務而爲淸償，亦不得成立無因管理。

惟所謂他人之事務，不必其事務之性質純粹與自己絕無關係者。如甲乙兩人共同負擔之債務，甲爲全部淸償時，除甲自己應負擔之部分外，關於乙之部分，仍得成立無因管理。至單純屬於他人之事務，如代鄰人管理其房屋或將其物品移置於室內，其得成立無因管理，尤不待言。

無因管理既能發生債權債務之關係，故關於管理之事務，法律上雖不限制其種類，但必須適於爲債之標的者，方足當之。所謂適於爲債之標的之事務，雖不應限於金錢的事項，但亦必須於吾人生活上有利益之事項，若僅爲單純的感情上或道德上的事項，決無成立無因管理之可能。

(二) 無因管理之內容，須爲他人事務之管理。

無因管理之成立，須有管理他人事務之事實，方足構成。缺此內容，雖具備其他要件，亦不能成立無因管理。

所謂管理，不祇限於單純的管理行爲，即處分行爲，亦包括在內。如見他人所有之水菓勢將腐爛，因而代爲出賣，雖非單純管理行爲，仍能成立無因管理。

無因管理之本體，與爲管理行爲之方法，觀念上不可不區別之。無因管理之本體，非法律行爲，亦非違法行爲，而爲法律行爲以外之事實。蓋法律行爲之發生，必須基於當事人雙方或一方之意思表示而後成立。然在無因管理之管理人，並無欲與本人間發生債之關係之效果意思，故不得謂爲法律行爲。且管理人爲管理時，不必先得本人之同意，故更非契約行爲。其結果所以能使本人與管理人間發生債之關係者，乃由於法律上直接所規定，非基於當事人之意思。則無因管理並非法律行爲，顯無疑義。至爲管理行爲之方法，則有時爲法律行爲。如出賣本人之物品即其例也。但無因管理之本身，並不因此而成爲法律行爲。故民法總則中關於法律行爲之規定，有時雖可適用於管理行爲之方法，但不得適用於無因管理之本體，斯亦應注意者也。

（三）無因管理須無法律上之原因。

所謂無法律上之原因，卽管理人爲此管理時，並未受本人之委任，亦無爲此管理之義務之謂也。故如受鄰人之囑託而代爲照應物件，或如救火員遇火施救，均不得成立無因管理。因一則係受人之委託而爲之，一則係自己應盡之義務，換言之，卽管理人之爲管理行爲，均具有法律上之原因，不得謂爲無因管理也。

（四）管理人須有爲他人管理之意思。

無因管理須爲他人之利益而爲之，卽因管理而生之利益，須有歸諸他人享有之意思。如就他人之事務爲自己之利益而管理之，不得成立無因管理。例如欲乘他人之駒而餵飼之是也。

惟所謂爲他人之意思，祇須有此意思已足，在管理當時，不必確知其事務屬於何人。卽甲之事務，誤爲乙之事務而管理之，亦無妨於無因管理之成立。至爲他人管理之動機如何，法律上可以不問。

無因管理之成立，既須有爲他人管理之意思，故管理人必須有意思能力而後可，此爲一般學者所公認者也。

無因管理之意思及其要件，已如上述。至無因管理與無權代理之區別，亦有兩點之不同：（一）無因管理所生之法律關係，爲管理人與本人間之關係，而無權代理所生之法律關係，則爲代理人與第三人間之關係。（二）無因管理爲管理他人之事務，而無權代理則爲代理本人向第三人爲法律行爲，此兩者之異點也。惟實際上極易混淆，有時頗難分辨，而其所生之效果，則彼此懸殊，區分甚微，而出入甚大，不可不特予注意也。

委任契約係由於本人之委任而爲事務之處理，且以受任人之同意爲要件。無因管理則無須本人之委任，而由管理人自動管理他人之事務，此兩者之不同點。故本人對於無因管理爲明示或默示之承認時，卽與委任之性質相類似，故法律

上規定於此時際，準用關於委任之規定。（一七八條）

第二款　管理人之義務

無因管理之管理人，依法應負如下之義務：

（一）管理時應依本人明示或可得推知之意思以有利於本人之方法爲之。（一七二條後段）

關於事務管理之方法，管理人事前既未得本人之同意，如果法律上不設一概括的規定，則管理人任意妄行，於本人恐將有弊而無利。爲免除此種弊端起見，故有特予規定之必要。違此方法者，卽係違背管理人之義務，如本人因此受有損害時，應負賠償之義務。

所謂明示或可得推知之意思者，如有某甲已將餘屋搬空並貼有招租告白時，卽係本人明示欲將屋出租，管理人應卽依其意思而爲處理，不得違反本人之原意也。至可得推知之情形，如本人將穿污衣服置於盆內，並於門外張好衣架時，卽可推知本人有將該汚衣洗淨曬乾之意思也。所謂有利於本人之方法者如有水菓勢將腐爛，若不立卽出賣，必致分文不值，此時代爲變賣取得價金，實於本人有無上利益，此卽所謂有利於本人之方法也。惟此種推定，是否與本人原意相符，均可不問。祇須依通常觀念及一般人之見解推定之。

（二）管理人開始管理時，以能通知者爲限，應卽通知本人，如無急迫之情事，應俟本人之指示。（一七三條一項）

管理人開始管理時，除不知本人爲何人，或雖知之而無法通知者外，應卽向本人爲通知。在通知後，如無急迫情形，並應候本人之指示。如果管理人不遵此項手續辦理，則本人因此受有損害時，管理人不能免賠償之責任。

（三）管理人應將管理狀況報告本人，管理終止時，應明確報告其顚末。因管理事務所收取之金錢物品孳息，應交付於本人。管理人以自己名義爲本人取得之權利，應移轉於本人。管理人爲自己之利益使用應交付於本人之金錢或使用應爲本人利益而使用之金錢，應即自使用日起支付利息，如有損害，並應賠償。凡此諸項，均與委任契約之受任人相同，故準用關於委任中各該條之規定。（一七三條二項）

（四）管理人違反本人明示或可得推知之意思而爲管理者，即係違背管理人之義務，故對於本人因其管理所受之損害，雖無過失，亦應負賠償之責。（一七四條一項）

管理人所應賠償之損害，以因事務管理所生者爲限。如果損害於管理之間並無因果關係，換言之，即管理人不爲管理或即依照本人明示或可推知之意思而爲管理，而仍不免發生損害者，管理人不負損害賠償之責任。因此項損害之發生，非由於管理人違反義務所致，自無命管理人負賠償之理也。

對於上述損害賠償之規定，法律上有二例外：（甲）管理如係爲本人盡公益上之義務，或爲履行法定扶養義務者，雖係違背本人明示或可得推知之意思，亦不負損害賠償之責。(一七四條二項)因於此情形，管理人之管理，或爲强行法規上應盡之義務，或爲公益上正當之處理，法律上應特予以奬勵，而本人之意思，則無尊重之必要也。(乙)管理人爲免除本人之生命身體或財產上之急迫危險而爲管理者，對於因其管理所生之損害，除有惡意或重大過失外，不負賠償之責。(一七五條)因於此時際情勢急迫，往往不計小害，且管理人之爲此純係出於救人之危急，故縱因此致生損害，亦不應使管理人負賠償之責。惟如管理人有惡意或重大過失者，仍不能不負賠償之義務，亦所以兼顧本人之利益也。

判例

凡未受委任或並無權利義務而爲他人管理一種事務者，不得任便處置，必須從本人之眞意或得以推知之意而行，且須用最利益於本人之方法爲之處理。故其管理事務若違反本人之眞意或得以推知之意而爲管理人於當時事情

所應知者，雖無過失，亦須賠償其因管理所生之損害。（三年上字第一四〇號）

爲他人管理事務者，若其目的在使本人財產免急迫危害者，則應以有故意或重大過失爲限，始就其因管理所生之損害任賠償之責。（三年上字第一四〇號）

無委任或並無義務爲他人管理事務者，應依本人或得以推知之意思用最利於本人之方法管理之。（最高法院十七年上字第二一六號）

第三款　管理人之權利

管理人對於管理事務，以利於本人並不違反本人明示或可得推知之意思者，管理人爲本人所支出之必要或有益之費用，得請求本人償還，並自支出時起之利息。管理人因此負擔債務者，得請求本人爲之淸償。管理人因此受有損害者，得請求本人賠償之。（一六七條一項）蓋此時管理人既已盡其應盡之義務，關於其因此所生之債務損害以及支出之必要或有益之費用，自應許其得向本人求償也。所謂必要費用者，如房屋將倒坍時之修理費是也。所謂有益之費用者，如施肥於田禾因而使其收穫豐盛者是也。至實際上是否必要或有益，應依社會一般見解爲標準，不可依本人之主觀見解定之。

前述管理人之請求權，應以其管理不違背於本人之意思爲要件，然如管理人所處理者，係爲本人盡公益上之義務或爲履行本人之法定扶養義務者，縱違背本人之意思而爲之，依法仍有同樣之請求權，（一七六條二項）因此時無尊重本人意思之必要也。

管理人雖因管理支出費用或負債務或受損害，但其管理方法如不具備「利於本人並不違反本人明示或可得推知之意思」之要件，而其事務之性質又非爲本人盡公益上之義務或履行本人之法定扶養義務者，此時管理人之權利如何？本人應負之義務如何？此亟應解決之問題也。依我民法所定，此時本人對於因管理所生之利益，仍得享有，而其所負擔之義務，則以其所得利益爲限。（一七七條）故管理人因管理所支出之費用或因此受損害或因此負有債務者，僅得就本人實際所得利益之限度內有請求權，關於其超過部分，本人不負責任。

判例

賃借主如合於管理事務情形所出必要修繕費用，應准其如數扣抵租金。（九年上字第七七四號）

凡未受委任或並無義務而爲他人管理一種之事務，若其管理確係依本人眞意或得以推知之意思並用最利於本人之方法爲之者，則得對於本人要求所出之費用及其支出後之利息，並請求代償所負擔之債務，與受任人同。（五年上字第一〇三八號）

有代理人權人因處置代理事務所墊付之必要費用，得向本人請求償還其全部。若無代理人自稱爲他人代理而處置其事務者，對於本人卽爲管理事務之行爲，其所出必要費用，除經本人合法追認外，僅於其管理行爲利於本人且合本人眞意時，有請求償還全部之權。否則本人僅須依不當得利之法則，於現存利益限制內負償還之責。（五年上字第八一九號）

第五節　不當得利

第一款　不當得利之意義

無法律上之原因而受利益致他人受損害者，爲不當得利。（一七九條前段）損害人得請求返還其利益，而受益人卽負有返還所受利益之債務。故不當得利亦爲債之發生之一原因。

吾人之權利，同受法律上之保護，若無故享受利益致他人因此受有損害者，卽非法律所許，此不當得利之受益人所以應返還其受益之原因也。

不當得利一語，舊名原稱不當利得，兩者之意義，初無二致，不過改利得爲得利，用語似較爲明顯耳。

不當得利之構成要件，依法文所定者如左：

（一）受利益。

如果無故致他人受損害而自己並無所得者，縱令加害人依法應負損害賠償之責任，然非所謂不當得利也。蓋不當得利之成立，以受有利益爲前提，而受益人所以應負返還之義務者，亦卽因其受有利益也。

所謂受利益，卽因他人之給付或因其他一定之事實，致受益人之總財產有所增加者是也。且此種增加，不以積極的增加爲限，卽消極的增加亦包括在內。如受益人之財產原祇一萬元，因他人之給付致其財產達一萬五千元時，卽係積極的增加也。如受益人原負有五千元之債務，其總財產本應減少五千元，但因他人誤爲淸償而自己免除給付之義務時，則原應減少之五千元，卽因此不致減少，卽所謂消極的增加是也。

（二）因受益而致他人受損害。

自己雖受利益，若於他人毫無所損，則不生不當得利之問題。因法律上所以使他人享有返還請求權者，原以其受有損害爲前提也。故自己雖受利益，祇須於他人並無所損，則根本不生返還請求權之問題。如甲地無用之積水流至乙地，乙利用之以灌漑田禾，在乙雖因甲地之流水享受利益，但於甲則毫無損害，故甲不得對乙主張返還請求權。又如輪船公司開掘河道之結果，致其附近農田灌漑便利，而收穫因此加豐者，在農田所有人固因開掘河道而享受利益，但在輪船公司並不因其受益而受損害，故亦不能成立不當得利。必也一方受利益，致他人受損害，而他方受損害之原因，卽由於對方受利益之結果，換言之，卽受益與受損害之間有因果關係，而後始生不當得利之問題。

惟所謂受損害，不僅指現有財產之減少而言，卽原可增加而因一定事由致不能增加時，亦包括之。如誤向他人淸償債務致現有財產因此減少者，固係受有損害，卽本可收到之款項，因他種事由致不克收到者，亦係同樣的受有損害也。

（三）無法律上之原因。

受益人之享受利益，如有法律上正當之原因，則法律上應予以相當之保護，斷無仍令其返還損害人之理。惟其受利益與受損害之間，均無法律上之原因，而後方生不當得利之問題。如甲乙兩者間本無債之關係之存在，乙因誤信對甲負有債務而向之爲清償，甲見其給付亦貿然受領者，此時甲旣無受領給付之債權，乙亦無應向甲爲清償之債務，卽兩者之給付與受領，根本無法律上之原因，而甲之受領給付物，遂成爲不當得利。可知無法律上之原因，亦構成不當得利之要件也。惟吾人應注意者，卽所謂無法律上之原因，不以受益人之受利益自始卽爲無法律上之原因者爲限。故在受益之當時，雖係有法律上正當之原因，迨以後其法律上之原因已不存在者，則受益人之所得，仍成爲不當得利而應予返還。（一七九條後段）

判例

對於並無領受權人而爲履行時，債務人僅得依不當得利之法則向領受人請求償還其利得，而對於眞正之債權人，仍不得不另爲淸償。（四年上字第一四五九號）

凡無法律上之原因而因他人之給付受利益致他人受損害者，負歸還其利益之義務。（三年上字第二〇七號）

凡因他人之給付而受利益者，如爲其給付之法律上原因一旦消滅致他人受意外損失時，自應將其所受之利益返還。（四年私上一二號）

第二款　不當得利之效果

第一項　返還請求權

不當得利一經成立，則損害人與受益人之間卽發生債權債務之關係，損害人依法享有返還請求權，而受益人卽負有返還其所受利益之義務。惟關於下列各款事項，法律上特予限制，損害人不得對受益人請求返還。（一八〇條）其情形依條文所定，計有四款：

（一）給付係履行道德上之義務者。

（二）債務人於未到期之債務因淸償而爲給付者。

（三）因淸償債務而爲給付，於給付時明知無給付之義務者。

（四）因不法之原因而爲給付者，但不法之原因僅於受領人一方存在時，不在此限。

第一款所謂給付係履行道德上之義務者，卽學者間所稱自然債務之一種，此種債務，權利人雖不能藉訴權請求强制執行，然既經義務人自動淸償，則權利人亦有受領之權，故法律上不准其請求返還也。

第二款係淸償未到期之債務，按淸償期間，本爲債務人之利益而設，債權人在未到前，原無向債務人求償之權，然兩者間之債之關係，固已早經存在，債務人既於未到期前自動爲淸償之給付，則債權人自得受領之以消滅債務。此與不當得利之原無法律上之原因者自有不同，不應准許債務人請求返還，致使法律上之關係益形煩雜也。

第三款適用時，應具備兩要件。（一）須給付人明知無給付之義務。（二）須爲給付之當時明知之。兩者缺一，卽與條文不符也。按通常情形，因淸償而爲之給付，如給付人本無淸償之債務，則受益人之受領給付，卽係缺乏法律上之原因，自應准許給付人主張返還。惟在給付人爲此給付時，自己明知無其義務而爲淸償，是卽有意拋棄其返還請求權，法律上自無庸再准其請求返還也。惟所謂明知，係指在給付之當時已明知無此義務者而言。如在給付之當時係因誤信有給付之義務而爲淸償，至日後方知無此義務者，仍應准許給付人請求返還也。

第四款所謂因不法之原因而爲之給付，如因賄賂而交付金錢或爲賭博而交付財物之類是也。於此情形，在給付人爲此給付之理由，既係出於不法之原因，則法律上自無加以保護之必要，而仍使給付人得主張返還之理。但不法之原因，若祇於受領人之一方存在者，如被人詐欺而給付財物，在給付人之一方，既非出於不法，而受領人方面，亦不應因不法之原因而享受利益，自應仍准給付人得請求返還，此第四款但書之所由設也。

判例

因不法原因所爲之給付，無論其相對人能否取得其權利，而給付之人究不得請求返還。（八年上字第四二八號）

第二項　返還義務之範圍

不當得利之受益人，在原則上應將其所受得之原物返還於損害人。惟如原物爲代替物或消費物而已於受得後消失者，或原物因出賣贈與等事項不能返還者，應償還其原物之價額。（一八一條但書）受益人如就該利益更有所取得，並應返還。例如受益之標的物爲雞或鴨，受益人於受得後所取得之雞蛋鴨卵，應與雞鴨一併返還是也。受益之標的物如爲金錢，而受益人已將該金錢借人生有利息者，則返還時並應將收取之利息一併返還。（一八一條）

關於返還義務之範圍，視受益人是否明知爲無法律上之原因以爲斷。如果受利益係由於不知無法律上之原因而誤爲收受者，則其受領係出於不知情，法律上應有減輕其義務之必要，故其應負返還之範圍，祇就現尙存在之利益負返還之責任。若其受益已不存在時，不問其不存在之原因如何，均免其返還之義務。（一八二條一項）惟所謂現尙存在之利益，不限於所受利益之原形現尙存在，如果受益人將所受之金錢置備田產，或將受得之物品變賣得錢時，則雖受益之標的物原形已不存在，但受益人因受利益所增加之財產，固仍未消滅，自不能免除返還之義務也。受益人於受益當時已明知無法律上之原因，而仍收受者，卽係具有惡意，或在當時雖不知，而其後知之仍不卽行返還於原主者，則自知無法律上之原因之時起，亦係同樣具有惡意，法律上於此時際，應予以相當之裁制，使負較重之責任。故其應負返還之範圍，在自始卽明知無法律上之原因者，應將受領當時所得之利益附加利息一併返還。在受益當時不知無法律上之原因，至其後方知之者，則從知無法律上原因之時所現存之利益，附加利息，一併返還，至其所受利益現時果尙存在與否，非所問也，再損害人如更有損害者，並應負賠償之責。（一八二條二項）

此外尙有應加說明者，卽如不知無法律上之原因之受益人甲，將其受益之標的物無償讓與第三人丙，而甲則因一百八十二條一項規定免負返還之義務者，此時損害人乙能否以對甲之請求權對丙主張返還其受益，實一値得硏究之問題。依理論言，不當得利返還請求權之發生，須在受損害之原因係由於他人受利益所致者爲限，卽在損害與受益之間，須有直接因果關係，而後方生返還請求權，前於論不當得利之要件時已詳言之。如上例丙之受利益，係由於甲之所贈與，而乙之受損害，非由於丙之受利益所致，蓋乙在丙未受益之前，已先受損害也。可知乙與丙之間，並無直接因果之關係，故依理論言，乙斷無向丙主張返還請求權之理。但從實際言，甲既因讓與受益之標的物而免其責任，丙則毫無所損而取得其利益，惟乙之受損害則別無求償之道，似於情理不合。我民法爲保護損害人之利益起見，限於無償讓與時，就受益人因讓與所免負返還義務之限度內，使受讓之第三人負返還之義務。（一八三條）茲再引申說明之。如前例甲所受領者爲金表一隻，鋼筆一枝，甲於受領後將金表一隻贈與丙，而留鋼筆自用。嗣後知其受益無法律上之原因，復將鋼筆再贈於丙，迨損害人乙向受益人甲請求返還時，則甲本人所應負返還之義務，僅爲鋼筆一枝，而金表一隻，則因在明知無法律上之原因以前已不存在，依一百八十二條應免返還之義務。故乙此時對丙得請求返還其鋼筆，不得請求返還其金表。何者，因甲由贈與所免除返還義務之範圍，僅爲鋼筆一枝，至金表一隻，依一百八十二條二項規定，甲仍不能免返還義務，縱事實上不能返還其原物，亦應賠償其價額也。

判例

給付時不知債務不存在者，除得歸還其給付外，受益人並應負歸還所受利益之義務。（三年上字第二〇七號）

第六節　侵權行爲

第一款　侵權行爲之意義

因故意或過失不法侵害他人之權利者，爲侵權行爲。（一八四條一項）夫吾人正當之權利，本享有法律上之保護，如有人無故加以不法之侵害，則法律上對於加害人不得不加以相當之制裁，否則社會上之秩序將永無安寧之望，而吾人之權利，亦將失其保障矣。此法律上對於侵權行爲之加害人所以應予以一定制裁之原因也。

所謂法律上之制裁，方法有二，或處加害人以一定之刑罰，使加害人受相當之苦痛，以冀消滅其惡性；或使加害人負擔損害賠償之義務，以彌補被害人因侵權行爲所受之損失。前者爲刑法上之制裁，後者爲民法上之制裁，刑事制裁之目的，在於處罰加害人之惡性，以維持社會上秩序之安寧；民法上制裁之目的，在使加害人負擔相當之賠償，以塡補被害人已往之損失。此兩者精神不同，目的互殊，故制裁之方法，自不能完全一致，在刑法上認爲應加科刑者，民法上不必定須負損害賠償；反之，在民法上應負賠償義務者，在刑法上亦不必定認爲犯罪，因兩者之目的原不相同，故結果自難歸於一致也。

刑事制裁之目的，既在處罰犯人之惡性，故以加害人之行爲出於故意或過失者爲限，方使負刑法上之責任，否則縱令實際上果有侵權行爲之事實，亦不能處以若何之罪刑。因非故意或過失之行爲，並非出於行爲人之惡性，故刑法上不應處罰也。反之，在民法上制裁之目的，則在塡補被害人之損失，故祇須被害人有發生損害之事實，不問加害人是否出於故意或過失，要不能不負賠償損害之責任，此固本於理論上當然之結果也。但在各國已往立法例，仍多沿用舊習，於民法方面，亦採過失責任主義，限於加害人有過失時，始令負賠償之責，自羅馬法以來，相沿不變，降及近世，學者多知其失當，而結果責任主義遂漸占勢力。誠以損害賠償之目的，既僅在塡補被害人已受之損失，故祇須被害人有受損之事實，則加害人即不得不負賠償之責任，不必問其過失之有無與否也。近代各國民法中，認無過失亦應負賠償責任者漸多，而我民法對於侵權行爲之賠償責任，仍以「因故意或過失」（一八四條一項）之侵害爲限，而在一百八十七條一百八十八條一百九十條一百九十一條對於已盡相當之監督或注意而仍不免發生損害者，均明定不負賠償之責任，可知原則上固仍係採用過失責任主義者也。

第二款　侵權行爲之構成要件

侵權行爲之當事人，爲加害人與被害人，故侵權行爲之構成要件，亦可由此兩方面說明之。惟此爲一般侵權行爲之構成要件，至特殊侵權行爲之構成要件，則於另款說明之。

（一）在加害人方面應具之要件如左：

（甲）自己之行爲。

侵權行爲之構成，在一般情形，以出於自己（卽賠償義務人）之行爲所致者爲限。至特殊侵權行爲，不以出於自己之行爲爲必要，有時對於第三人之行爲所生之損害，亦應負責，且不限於人之行爲，卽因動物或工作物建築物等所加於他人之侵害，亦足以構成侵權行爲。惟在一般侵權行爲，則以出於自己之行爲爲要件耳。

（乙）須出於故意或過失。

我國民法因原則上採過失責任主義，故關於侵權行爲之成立，以出於故意或過失時爲限。關於故意之解釋，最普通者有兩大主義：（1）認識主義，亦稱預見主義。依此說祇須加害人對於侵害之結果有認識，卽應認爲有故意。（2）意思主義，亦稱希望主義。依此說加害人對於侵權行爲之結果，不但須有認識，且須有希望其發生之意思，方得謂爲故意。此兩說均各言之成理，惟在民法之解釋上，以採用第二主義爲優。至過失之意義，卽所謂應注意並能注意而竟不注意之謂也。

故意與過失旣有關於民事上之責任，遇有爭執時，卽應由主張有過失之一造負舉證之責。惟加害人之行爲，如係違反保護他人之法律者，則法律上推定爲有過失。（一八四條三項）如加害人係違反保護公共安全之警察法規致侵權他人之權利時，法律上推定加害人爲有過失，無庸舉證。惟法律上之推定，祇在無反對事實時方見其適用，加害人如能提出非出於過失之反證時，亦卽可免除其責任。

（丙）侵害須係不法。

侵權行爲，以出於不法之侵害爲要件。如果爲法律所許，則雖侵害他人之權利，被害人要亦不能主張損害賠償。如醫師開刀割治，雖係侵害他人之身體，然其行爲並非不法，故不生侵權行爲之問題。檢察官執行死刑，雖係侵害他人之生命，但其行爲爲法所許可，亦無成立侵權行爲之理。

（二）被害人方面應具備之要件如左：

（甲）權利受侵害。

民法上所保護者，吾人之權利也。故必須權利受有侵害時，法律上方有保護之必要，否則雖致他人受損害，但其被侵害之客體，既非正當之權利，即不在法律保護之範圍，自無庸命加害人負賠償之責也。且民法上所保護之權利，又僅限於私權，故公權受有侵害時，不得依民法規定請求賠償，固不待言。至私權中不問何種權利，均得爲侵權行爲之客體。侵害現存之權利者，固得成立侵害行爲；即侵害將來可享受之權利者，亦同樣能構成侵權行爲。故侵害他人之債權，亦與侵害他種權利同樣能成立侵權行爲，其理論前於緒論中已言及之。

侵權行爲之客體，固須爲吾人私法上之權利，然法律上亦非絕無例外，此例外爲何？即「故意以背於善良風俗之方法加損害於人者，」（一八四條一項後段）亦應負損害賠償之責。如故意洩漏他人間之祕密致他人受損害者是也。此時被害人所受之侵害，雖非私法上之權利，而法律上所以亦使加害人負侵權行爲之責任者，蓋爲保護社會公共道德及善良風俗而設之例外規定，惟此時加害人負責之要件，以出於故意者爲限，是亦應注意者。

（乙）因侵權行爲而受有損害。

民法上對於侵權行爲制裁之目的，原在塡補被害人之損失，故必須先有損害之發生，而後加害人方生賠償之義務。否則，縱令加害人果有侵害他人權利之事實，但被害人旣未因其侵權而致受損害，則根本上即不生賠償損害之問題。如竊盜犯無故侵入他人第宅意圖行竊，雖亦係侵害他人之權利，然如被害人並未因其侵入而受有損害時，則加害人祇負刑事上之責任，不負民事上之賠償義務。

惟吾人應加注意者，卽所謂受損害，不限於有形的財產上之損害，卽無形的財產以外之精神上之損害，亦包括之，此亦應注意者也。

（丙）損害之發生，須由於侵權行爲所致。

卽加害行爲與損害之間，須有因果關係。如被害人之損害，非由於加害人之行爲所生之結果，卽無命加害人負賠償責任之理，此固無待深論者。

判例

侵權行爲之構成，除行爲人係有故意外，凡應注意並能注意而不注意者，爲有過失，亦認爲賠償損害之原因。（五年上字第一〇一二號判例）

關於侵權行爲之賠償請求權，以受有實際損害爲成立要件，若絕無損害，亦卽

無賠償之可言。（五年上字九六七號判例）

共有物之處分，非經各共有人全體同意，不得爲之。故因共有人中一部分之私擅處分，致共有物不能回復原狀者，則對於未經同意之共有人，應依侵權行爲原則負損害賠償之責。（五年上字九六七號）

凡占有他人所有物爲無權利之處分者，卽屬不法侵害所有人之權利，自應就其所生損害擔負賠償之責。（七年上字一三○一號）

凡代債務人淸償債務，而將債務人所託與淸償債務之金錢物品自行消費致債權人不能卽時受淸償者，則對於債權人卽爲侵權行爲，債權人固不妨向債務人請求淸償，而亦得向該人請求賠償損害。（三年上字八三六號）

唆使債務人故意不履行債務致債權人受有損害者，對於債權人卽爲侵權行爲，自應賠償其損害。（三年上字一二○五號）

凡侵害本於侵權行爲者，須有侵害之行爲，如無權利人擅就他人土地締結買賣契約，固屬侵權行爲，要與承買人無直接之關係。故非證明承買人確係共同侵害，則承買人自不負何等賠償之責。（五年上字一四四八號）

被害人之損害，如因一致害之原因卽足以發生其全部損害者，縱令尙有其他原因存在或別有物界助力。其賠償義務人，仍應負擔全部責任。（十一年上字一七〇五號）

第三款　損害賠償之義務人

侵權行爲一經成立，則被害人與加害人之間卽發生債之關係，被害人享有賠償請求權，而加害人則負有損害賠償之義務。惟負擔損害賠償之義務人，在一般侵權行爲，固限於爲侵權行爲之本人；然在特殊侵權行爲，則不以行爲之本人爲限，有時對於第三人之行爲或人之行爲以外之事實，苟具備其他侵權行爲之要件，亦應負擔損害賠償之責任。可知賠償損害之義務人，應視其爲一般侵權行爲或特殊侵權行爲而不同。茲將此兩者分述如左：

人。

（二）一般侵權行爲之賠償義務人。因故意或過失不法侵害他人之權利者，負損害賠償責任。（一八四條一項前段）此時負賠償義務者，卽爲加害行爲之本人，被害人不得向行爲人以外之第三人請求損害賠償。

爲侵害行爲者如僅有一人，則負擔賠償義務時，自應由該行爲人獨自負擔，被害人亦僅得向該行爲人求償，實際上固無問題。但在數人共同爲侵害行爲時，則加害人間對被害人所負之賠償義務如何？被害人對於各加害人之權利如何？又數人間不能知其中孰爲加害人時，究應由誰負賠償責任？此均爲實際上應行解決之問題。我民法定明「數人共同不法侵害他人之權利者，連帶負損害賠償之責任，不能知其中孰爲加害人者亦同。」（一八五條一項）所謂數人共同爲不法之侵害者，如甲乙丙丁共同打死某戊是也。關於共同侵權行爲之成立，無庸各人間事先通謀，祇須實際上有共同侵害之行爲卽可。如前例不必甲乙丙丁間先有打死某戊之共同意思，且下手亦不必同時，卽在甲乙丙先將戊揪住毆打，丁見之亦加入動手時，亦無妨於共同侵權行爲之成立。卽使甲乙有欲打死戊之故意，而丙丁係出於過失時，亦同樣成立共同侵害。因故意或過失固同樣須負損害賠償也。

所謂不能知其中孰爲加害人者，如甲乙丙丁同時各以長槍向某戊射擊，結果致戊身中一彈而死，此時戊之受彈，旣不能證明爲何人所發，則甲乙丙丁四人連帶負損害賠償之責。

此外尙有敎唆他人使其決意爲侵權行爲之造意人，以及於侵害時爲不屬於主要事項之幫助人，前者在刑法上名爲敎唆犯，其處罰與正犯同；後者名曰幫助犯，其處罰依正犯減輕二分之一。但在民法上所負之損害賠償責任，則與共同行爲人相同。（一八五條二項）惟據個人所見，使造意人負共同行爲人之責任，固甚確當，而於幫助人方面不另設減輕其責任之規定，似失立法之平。

(二)特殊侵權行為之賠償義務人。

特殊侵權行為之構成，不以由人之行為所引起者為限，而負擔損害賠償之義務人，亦不限於為侵害行為之本人，前已言及。茲更分別說明如左：

(甲)公務員因故意或過失違背對於第三人應執行之職務致第三人之權利受有損害者。

公務員違背對於第三人應執行之職務，卽係違背對於第三人所負擔之義務，因此致第三人受有損害時，自不能不負賠償之責任。惟關於賠償義務之範圍，則因其違背職務係出於故意抑過失而大有差異。如公務員之違背職務係出於故意者，不問被害人能否依他項方法請求損害賠償，而公務員要須負擔全部責任。故縱令應負賠償責任者，同時尚有非公務員之他人，但被害人如不向其他人求償，而獨向公務員為損害賠償之請求時，則該公務員應負全部損害賠償之義務，不得藉口於其他加害人而免其責任。如公務員之違背職務係出於過失者，則法律上特減輕其責任，祇限於被害人不能依其他方法受賠償時，負賠償損害之責。（一八六條一項）故如加害人有數人時，被害人祇能先向非公務員之其他人請求損害賠償，必至除公務員外別無其他加害人，或雖有而因無資力不能達賠償之目的時，公務員方負損害賠償之責任。

上述被害人之損害賠償請求權，祇限於被害人不能依其他方法除去其損害時，方得爲之。如果被害人之損失，另有救濟辦法可以除去其損害，而因被害人之故意或過失不爲之者，公務員卽不負損害賠償之責任。（一八六條二項）例如對於行政處分，不提起行政訴訟以求救濟，對於裁判不爲上訴，卽係被害人自己有過失，此時不問其被侵害是否出於公務員之故意抑過失，概不得向公務員主張損害賠償之請求權。

此外尚有應加說明者，卽公務員職務上之侵權行爲與公務員以私人資格所爲之侵權行爲，應詳爲區別是也。如警察在執行職務所加於他人之侵害，屬於前者；後者則如警察在辦公後於職務外所爲之侵權行爲是也。此兩者，適用法條，各有不同，卽前例適用特殊規定辦理，而後者則應與通常非公務員所爲侵權行爲同樣處斷，斯不可不辨也。

（乙）無行爲能力人或限制行爲能力人不法侵害他人之權利者。

依民法總則所定，未滿七歲人（十三條一項）及禁治產人（十五條）爲無行爲能力人，滿七歲之未成年人爲限制行爲能力人，（十三條二項）此等人如不法侵害他人之權利者，以行爲時有識別力爲限，與其法定代理人連帶負損害賠償責任。（一八七條一項）蓋侵權行爲之負責要件，在原則上須其行爲出於故意或過失者方負其責，如果行爲時無識別能力，則對於侵害事實及其在法律上之責任，本無辨別認知之能力，卽無所謂故意或過失，自不能使其負侵權行爲之責任。故法文上限於行爲時有識別力爲限，方使與法定代理人連帶負賠償之責。

所謂識別力，卽依行爲人當時之智識程度，精神發育狀態，足以認知自己之行爲應負法律上之責任者而言。苟在行爲當時已具有此種能力，不問其爲限制行爲能力人或完全無行爲能力人，均應負責。如行爲時無此識別力者，則由其法定代理人單獨負責。（一八七條一項）依常理論，行爲人在行爲當時旣無識別能力，且又爲無行爲能力或限制行爲能力人，在行爲人自身旣不負法律上之責任，似無更令行爲人以外之其他人負責之理。惟依一百九十條規定，動物加損害於人者，被害人尙可向其占有人請求損害賠償，若無行爲能力人或限制行爲人所加於他人之損害，反不予被害人以求償之途，亦非立法上公平之道，況法定代理人有監督及管束無行爲能力人或限制行爲能力人之責任，被害人之發生損害，亦未嘗非法定代理人監督疏忽所致，則法律上定明應由法定代理人負責，固亦非毫無理由也。

侵權行爲之發生，如在法定代理人方面並未有疏忽情事，自不應仍使負賠償責任。或法定代理人監督上雖有疏忽，但其侵權行爲之發生，縱令加以相當之監督，而仍不能避免者，則被害人之受損害，非由於法定代理人監督之疏忽所致，兩者間既無因果關係，自無使法定代理人負責之理，故於此時際，法定代理人完全不負賠償責任，（一八七條二項）被害人不得向法定代理人主張損害賠償。然如行爲人在行爲當時又無識別能力，依法亦不負賠償責任時，則被害人所受之損害，卽另無補償之道，似於人情不合。我民法於此特設補充規定，明定「法院因被害人之聲請，得斟酌行爲人與被害人之經濟狀況，令行爲人爲全部或一部之損害賠償。」（一八七條三項）所謂行爲人與被害人之經濟狀況，必須至如何程度方得命行爲人爲全部或一部之賠償，法律上雖無具體明文，然依吾人所信，必須在行爲人經濟豐裕，而被害人則因遭損害致生計受有影響時，方得令行爲人負相當之賠償。若被害人家產本甚富有，並不因受損害而受若何影響者，縱令行爲人經濟充裕，亦不必使爲若何賠償。反之，如行爲人與被害人兩者間經濟均極窘迫者，亦不必令行爲人負全部或一部之損害賠償也。蓋在上述情形，行爲人本不應負若何責任，而法律上所以另設補充規定者，完全爲適合人情，牽就事實起見，故適用時應變方詳加審酌，不得任意命行爲人爲賠償也。

（丙）無意識或精神錯亂中所爲之行爲致第三人受有損害者。

人在無意識或精神錯亂中所爲之行爲，本不負法律上之責任，故縱因此侵害他人之權利，亦不成立侵權行爲，被害人不得向加害人主張損害賠償。但法院因被害人之聲請，得斟酌行爲人與被害人之經濟狀況，令行爲人爲全部或一部之損害賠償（一八七條四項）亦所以爲被害人另謀求償之道也。惟行爲人如故意利用精神錯亂或失去意識作用而爲加害行爲或因過失而致此者，仍應適用通常規定辦理，不得脫卸賠償責任。如某甲欲傷害他人，故意飲多量之酒乘醉傷人之類是也。

（丁）受雇人因執行職務，不法侵害他人之權利者。受雇人之執行職務，既係適應僱用人（卽雇主）之需要，則受雇人因此所加於他人之不法侵害，僱用人自亦不能完全免責，故法律上定明僱用人應與加害人連帶負損害賠償責任。（一八八條一項）惟僱用人所應負責者，限於由執行職務所致者爲限。如爲人開汽車之車夫，須因執行開車職務所生不法之侵害，方應由僱用人與受雇人負連帶賠償之責。且其開駛汽車，須爲僱用人之需要而爲之。如果並非主人坐車，而車夫擬乘休息時機兜攬生意，分外賺錢，因而撞傷行人者，則應由受雇人單獨負責，卽無仍令僱用人同負連帶責任之理。因此時汽車之開駛，非爲主人執行職務也。又雖在執行職務之當時所生之侵害，然亦不盡全應由主人負責，如車夫正在開車之際，見前面行人係其仇敵，因而故意將車駛向路旁，將前面行人軋死時，此係車夫假借職務上之機會爲不法之侵害，非與執行職務有不可分離之關係，亦正如官吏假借職務上機會犯罪者相同，不應仍令主人負責，此不可不辨也。受雇人雖因執行職務所爲之侵權行爲，然如僱用人能證明於選任僱用人及監督職務之執行已盡相當之注意或縱加以相當之注意而仍不免發生損害者，卽不負損害賠償之責任。（一八八條一項但書）因在前段之情形，僱用人已盡其應盡之注意，在被害人損害之發生，既非由於僱用人之過失所致，自無再令其負賠償之理也。惟此時僱用人須對於選任及執行職務之監督兩者均無疏忽，方可免責。因此兩者爲併行的要件，非擇一的要件也。至後段之情形，卽侵害之發生，與僱用人之疏忽兩者間並無因果關係，故僱用人亦不負責。

僱用人如依一百八十八條一項但書規定不負損害賠償之責任致被害人不能受損害賠償時，法院因被害人聲請，得斟酌僱用人與被害人之經濟狀況令僱用人爲全部或一部之損害賠償。（一八八條二項）僱用人對於受雇人因執行職務所加於他人之不法侵害，對於被害人方面，固應與加害人負連帶責任。然其侵權行爲之發生，本係受雇人一方應負責之事由，原無由僱用人代爲賠償之理。法律上所以命僱用人亦負連帶責任者，不過爲被害人求償之便利起見而設，故其對內關係，僱用人並無應負擔部分。僱用人對被害人爲損害賠償時，對於受雇人有請求權。（一八八條三項）

（戊）承攬人因執行承攬事項不法侵害他人權利者。

此時除定作人於定作或指示有過失者外，定作人不負損害賠償責任。（一八九條）因承攬人之執行職務，係獨立爲之，並不受定作人之監督，與受雇人之執行職務有別。故承攬人雖因執行承攬事項不法侵害他人之權利，亦應由承攬人自負其責，與定作人無關也。但如承攬人之執行事項，係依照定作人之指示，而其指示係有過失者；或定作人於其定作有過失者，則承攬人因執行承攬事項所加於他人之侵害，卽係由於定作人之過失所引起，故此時定作人不能免責。

（己）動物加損害於他人者。

因動物所加於他人之侵害，應由其占有人負損害賠償之責。（一九〇條一項）蓋動物之性質，隨時有加損害於他人之危險，故由何人占有時，卽應由何人負照管之責，所有人不能永久追隨於該動物之後任管理之勞，故動物如加損害於他人，不能由所有人負責，而應由占有人擔負賠償義務也。

動物之占有人如依該動物之種類及性質已盡相當之管束或縱加以相當之管理而仍不免發生損害者，占有人不負損害賠償之責任。（一九〇條一項但書）

動物之加損害於他人，如係由於第三人或他動物之挑動所致者，則其加損害於他人之原因，卽係該第三人或他動物挑動之結果，則挑動之第三人或他動物之占有人，亦自不能不負責任。不過此時對外關係，仍應由動物之占有人負賠償之責。因此時被害人受損害之直接原因，非第三人或他動物之挑動，而爲占有人之動物所加害，故仍應向動物之占有人請求賠償。且被害人如果欲覓第三人或他動物之占有人求償，實際上麻煩殊甚，尤與被害人諸多不便也。惟占有人於賠償被害人之後，仍不妨向第三人或他動物之占有人求償。（一九〇條二項）

（庚）土地之建築物或其他工作物因設置或保管有欠缺致損害他人之權利者。

建築物或其他工作物因保管或設置欠缺致損害他人權利時，由所有人負責，（一九一條一項）而非由占有人負責，此與動物加損害於人者不同。故租屋之房客或照料之管理人，不負其責。惟所有人負責之要件，以由於設置或保管有欠缺所致者爲限。如於防止損害之發生已盡相當之注意者，則被害人損害之發生，非由於所有人之疏忽所致，縱令事實上受有損害，亦不應令所有人負賠償責任也。（一九一條一項但書）例如因地震致房屋倒坍所加於他人之損害，被害人不得對房屋所有人主張賠償請求權。因房屋之倒坍係由於不可抗力，非由於所有人應負責之事由也。

因建築物或其他工作物所生之損害，實際上由於所有人以外之第三人應負責之事由而發生者，不乏其例。如租屋之房客，將通常居家之房屋，裝置馬達，開機工作，因震動過烈，房屋坍倒，致損害於他人之權利。或因承攬人於承造房屋時，偷工減料，致房屋稍受風雨，卽行傾倒而損害於他人之權利者是也。此時損害之發生，純係由於所有人以外之房客或承攬人之過失所致，故賠償損害之所有人，對於此種應負責任之第三人有求償權。（一九一條二項）惟此時對外關係，仍應由所有人負責，斯應注意者。

判例

一侵權行爲所生之損失，由數人連帶負責者，應以該數人均曾共同爲該行爲者爲限。（十年上字四號）

侵權行爲之被害人，所以認其有請求權者，原爲保護正當利益起見。數人既各以決心共同爲侵權行爲，則卽使其動機係出於其中之一人，而他行爲人究不得自謂爲被動，而對於主動人更請求賠償自己因該行爲所受之損害。（九年上字二九號）

數人共同所爲之侵權行爲，卽以其數人作爲連帶債務人而共任其責，教唆或幫之人，應視爲共同行爲者，其責任亦同。（四年私上二號）

因共同侵權行爲加損害於他人而不能知孰加害者，應同負賠償之義務。（四年上字一三四二號）

數人共同爲侵權行爲加損害於他人時，各有賠償其損害全部之責任。（六年

私上二一九號）

爲某種事業使用他人者，於被用人執行事業加害於第三人時，除使用主於選任被用人及監督其事業已盡相當之注意或雖注意仍不免發生損害外，使用主應負賠償之義務。（五年上字七七三號）

第四款　損害賠償之方法及其範圍

因侵權行爲所生之損害賠償，其賠償方法及賠償之範圍，應視被侵害之客體如何而各有不同。玆更分述如左：

（一）對於物質上有形的侵害之賠償方法及其範圍。

（甲）不法毀損他人之物者，應向被害人賠償其物因毀損所減少之價額。（一九六條）

損害賠償之目的，原在塡補被害人已受之損失，被害人受侵害之結果，既係物質上的損害，自應就其物上已受損失之價額數量命加害人照數塡補，加害人所負賠償義務之範圍，亦卽依被害人所受之損失爲標準。故損毀他人之物品者，對於該物品因毀損所喪失之價額，卽爲被害人所受損害之數額，故加害人應卽照數塡補之。就法文毀損兩字言，似祇限於毀損其物品之全部或一部，致失其本來作用者，方足當之。實則適用時不必問毀損之方法如何，更不必達於全失其本來作用之程度，祇須因加害人之侵害致減少其物原有之價額，則加害人應卽負損害賠償之義務。如將他人之古畫妄加題贊致該畫因此減低其原來之價額時，在加害人之行爲，雖於原物毫無所損，但亦不能不負賠償損害之責，故適用時不可拘泥於文字也。

（乙）不法侵害他人之身體或健康者，對於被害人因此喪失或減少勞動能力或增加生活上之需要者，應負賠償損害之責任。（一九三條一項）所謂喪失勞動能力，卽係完全不能勞動之謂，如被害人雙手被軋斷致完全不能工作是也。減少勞動能力，卽因被害之結果致原有勞動能力減低之謂，如某甲每日原能做工八小時，被侵害之結果，祇能工作六小時是也。至增加生活上之需要之例，則如足被軋斷，不能步行，必須坐車出門，關於坐車之費用，卽係被害人因侵害所增加之生活上之需要也。凡此種種，均係被害人因侵權行爲所生之損失，故加害人均應負損害賠償之責任。

損害賠償之給付，法文規定「得因當事人之聲請定爲支付定期金，但須命加害人提出擔保。」（一九三條二項）從條文反面解釋，如果當事人不聲請爲定期給付，原則上自應一次淸償。惟此時須依被害人每次應爲支付或取得之時期分別扣除法定利息，因被害人之取得勞動報酬或支出生活上需要之費用，本係歷年陸續而生，今旣一次支付，如不扣除利息，被害人卽享有不當得利也。

（丙）不法侵害他人致死者，對於其支出殯葬費之人負賠償責任。被害人對於第三人負有法定扶養義務者，對該第三人亦負賠償損害責任。（一九二

條）

侵害他人致死，除已死者之本人喪失生命權外，其餘如死者之父母子女，亦因此喪失扶養之權利，故此等人亦同在被害之列，自得向加害人請求損害賠償，以塡補其損失。又爲死者辦理喪葬所支出之費用，亦係由侵權行爲所生之結果，故亦應由加害人負賠償責任。惟加害人所應支付者，以死者之身分地位所必要之費用爲限，超過必要以上之費用，卽係奢侈或浪費，不在應賠償之範圍也。

（二）對於精神上受有無形的損害時之賠償方法及其範圍。

關於物質上受有損害時之賠償，係以被害人所受實際上之損失爲標準，已如前述。惟物質上之損害，係有形的損害，其數量可以由計算而得之。至物質以外之精神上之損害，係無形的損失，究應如何定賠償之標準，方足以慰藉被害人精神上所受之痛苦，實一最困難之問題。我民法祇以相當之金額五字了之，不設詳密規定，則適用時惟在法官之衡情度理，斟酌損益，以期達於至當耳。

因精神上受有損害應由加害人賠償之情形，依法文所定有二：

（甲）因不法侵害他人致死者，被害人之父母子女及配偶，雖非財產上之損害，亦得請求賠償相當之金額。（一九四條）

（乙）不法侵害他人之身體健康名譽自由者，被害人雖非財產上之損害，亦得請求相當之金額。其名譽被侵害者，並得請求回復名譽之適當處分。（一九五條一項）

所謂雖非財產上之損害，卽明示非物質上有形之損害，而爲精神上所受無形之損失者而言。被害人如同時更受有物質上之損害者，關於其物質上損害之部分，自可分別適用其他規定請求損害賠償，此處之所謂「得請求賠償相當之金額，」專限於無形之損害，方適用之。惟所謂相當之金額，究應根據何種狀況以爲判斷，方得謂爲相當，實一困難問題。依吾人所信，關於死者家屬應給付之慰藉金，應審酌被害人之地位家況及與該家屬之關係並加害人之地位資力等，以定一相當之數額，庶乎近之。

侵害他人身體健康名譽自由等等，被害人雖非財產上之損失，然其精神亦必因此受有幾許無形之損害，故亦得請求相當之金額，以安慰其精神上無形之痛苦。惟此項賠償請求權，其性質係專重在被害人之一身，故除以金額賠償之請求權並已依契約承諾或已起訴者外，均明定不得讓與或繼承。（一九五條二項）

名譽被侵害時，除得請求相當之金額外，並得請求回復名譽之適當處分，如請求加害人登報道歉之類是也。

判例

傷廢一目，不能謂絕無影響於生活能力，（最高法院十七年上字第五八五號）賠償程度，應斟酌被害人年齡職業及受損情形並加害人之財力以為判斷。（

最高法院十七年上字第五八五號）

慰藉費固爲廣義賠償之性質，究與賠償物質有形之損害不同，賠償物質有形之損害，如殯葬醫藥扶養等費皆是。而慰藉費則係以精神上所受無形之痛苦爲準據，若僅就被害人或其家屬所受無形之痛苦判給慰藉金，自應審核各種情形，例如被害人之地位家況及與該家屬之關係並加害人或其承繼人之地位資力，均應加以斟酌。（八年私上七七號）

第五款　損害賠償請求權之消滅時效

被害人因侵權行爲所享有之損害賠償請求權，屬於通常請求權之一種，關於請求權之消滅時效，依民法總則第一百二十五條，如無特別規定，其期間爲十五年。惟損害賠償請求權，歷時過久，則雙方證據消滅無從憑斷，關於應賠償之數額，尤難精確計算，故法律上對於此項權利，實有早日促其行使之必要。依一百九十七條一項規定，此種請求權自請求權人知有損害及賠償義務人時起，二年間不行使而消滅，自有侵權行爲時起，逾十年者亦同。

損害人知有損害並知義務人者，自應從速行使其損害賠償請求權，以冀早日達到損害賠償之目的。如果歷久不問，卽係權利人自甘受損，故法律上於此時規定因二年間不行使而消滅，過此期間，卽不能再主張賠償請求權。惟其時效起算點須自權利人知有損害並知義務人時爲開始。如非兩者具備，則被害人之權利仍無由行使，自不適用此二年之短期規定也。

被害人不知有損害之發生或雖知之而不知應由誰負賠償義務者，則請求權無由行使，時效期間似不能開始進行，然如使被害人之權利永久存續，亦與社會秩序現狀有礙，故法律上明定自損害時起，不問如何，因十年間不行使而消滅。

侵權行爲之結果，除被害人發生損害外，有時加害人方面往往因此獲得分外之利益，被害人自可依不當得利之規定請求返還其利益。且損害賠償之請求權，雖因二年或十年間不行使而消滅，而不當得利之返還請求權，並不因之而同歸於消滅，因此兩種權利，各自獨立，非有連帶不可分之關係，故損害賠償請求權雖因其特別規定而消滅，而不當得利之返還請求權仍自存續也。（一九七條二項）

加害人因侵權行爲對於被害人取得債權者，如用脅迫或詐欺之手段使被害人書立負擔債務之借據時是也。被害人對於此項不法取得之債權，原有請求廢止之權利，但加害人如因經過一定期間不行使致廢止請求權因時效完成而消滅者，此時如法律無特別規定，則被害人對於加害人之債權，即不能不負履行之義務，然果如此辦理，則不但於被害人之保護不足，且使加害人因不法行爲而取得利益，殊非公平之道。故法律上於此特設明文，規定被害人對於此項債權，雖在廢止請求權因時效消滅後，仍得拒絕履行。（一九八條）

第三章　債之標的

第一節 總論

債之關係既經發生，則債權人得本於債之關係請求債務人爲給付，（一九九條一項）所謂債之標的者，質言之，卽債務人之給付是已。給付不以有財產上之價格者爲限，（一九九條二項）且不限於積極的作爲，卽不作爲亦得爲給付。（一九九條三項）我民法於此特設明文，所以免無益之爭也。

債之標的與債之標的物應區別之，前者乃債務人履行債務所爲之給付，後者乃債務人應爲給付之物體，如關於出賣物品之債，其債之標的，爲債務人移轉其物品之行爲。而其債之標的物，則爲債務人應爲移轉之物品，此兩者之區分也。

凡爲債之給付之標的物，不必現實的屬於債務人所有，當事人間如締結出賣第三人所有物品之契約，在債編上完全有效成立。蓋債之關係，本爲債之當事人間權利義務之關係，且祇向將來發生效力，故其應爲給付之物品雖非現實的屬於債務人所有，然使債務人將來取得其物品之所有權而負擔移轉其物品之義務，則絕無不可。此與訂結物權契約須以直接支配其權利之目的物爲標的者根本不同，此亦應注意者。

判例

就將來可取得之物爲買賣者，其行爲雖不能卽生移轉物權之效力，而此項行爲，究非法律之所禁止。（六年上字八一五號）

無權限人與人約定絕賣他人之產者，在債權法該契約當事人間本可有效發生權利義務關係。惟諸約人非先由他人取得其物權後，再爲有效之物權移轉契約不可。（三年上字四五號）

第二節　債之給付之要件

爲債之標的之給付，雖不以有金錢價格及積極的作爲爲限，然依學者一般通說，亦必須具備四種要件，方能發生法律上之效力。其要件可分述如左：

（一）給付須有利於債權人。

民法之目的，本在保護吾人之私權，而私權之所以應受法律上之保護者，原爲保護權利人之利益也。若爲無利於權利人之權利，其存在與喪失旣與權利人無利害之關係，則法律上自無更加保護之必要，此固理論上當然之結果。債權旣爲私權之一種，故欲發生法律上之效果，其給付必須以有利於債權人爲要件。惟所謂有利益與無利益，恆因各人主觀的見解而不同，如名人之書畫，在鑑賞家固以爲無上之至寶，至鄙陋之村夫，則又以之爲無用之廢紙；又如情人之玉照，在戀人則視之如生命，在第三人則必認爲無關得失之廢物。故何者爲有利益，何者爲無利益，事實上極難判別。在學者間亦有主觀說與客觀說之不同，採主觀說者，以爲給付苟爲權利人所欲者，必係於權利人有利益，故債之給付，祇須不背於公序良俗均得爲債之標的而同受法律上之保護；主客觀說者，以爲給付雖不必以有財產上之價格爲限，但亦必須依通常一般人之見解，認爲於債權人有正當利益者，法律上方有保護之必要，否則不能發生法律上之效力也。依理論言，以主觀說爲優；依實際言，則以客觀說爲當。因通常一般見解認爲非正當利益之債權，法律上卽無庸加以保護也。

（二）給付須屬可能。

債權欲得實際之效果，必須債務人履行其給付，然其給付如本屬不可能，則債務人卽不能因此而受拘束，債權人卽不能享受其實際之利益，故不能發生法律上之效果。如挾泰山以超北海，爲任何人所不能實行者，以此爲給付標的之債，卽不能發生效力。

所謂不能，事實上並不若是之簡單，在學說上又可分爲四種，更分述如左：

（甲）絕對的不能與相對的不能。

前者如令人騰雲取月或建築空中樓閣之類，爲任何人所不能者屬之。後者如乞丐而負擔鉅萬之債是也。凡以絕對的不能之給付爲標的者，其債之關係無效。相對的不能，其債之關係仍得發生成立，不過事實上有履行不能之虞耳。

（乙）法律上的不能與自然的不能。

前者並非物理上的不可能，不過基於法律上之規定始成爲不能，如讓與不融通物之類是已。後者係事實上的不能，如締結讓與特定物之契約，而該物於結約時已不存在是也。凡以此項給付爲債之標的，其債之關係不能發生效力。

（丙）主觀的不能與客觀的不能。

因債務人自身之事由致不能履行其給付者，屬於主觀的不能。如非文學家而允爲人作傳，非畫師而締結與人畫像之契約是也。此項給付不能，不能影響於債之效力，不過債務人本身究無履行之能力，故結果變爲賠償損害請求權而已。客觀的不能，卽在社會一般觀念上均認爲不能者屬之。如挾泰山以超北海之類，當然不得以之爲給付也。

（丁）原始的不能與後發的不能。

前者乃在結約之當時，其給付物已屬不可能者屬之。如以業經焚燬之房屋爲給付之標的物是也。後發的不能，非結約時已經不可能，不過於結約後始變爲不能之謂。如前例以房屋爲給付標的物之債，該屋於訂約後被焚是也，

（三）給付須確定或將來可得確定者。

債之標的。爲債務人之特定行爲或不行爲，前已言之。其行爲或不行爲既限於特定，則爲債之標的之給付，自應自始確定或將來可得確定而後可。如使債務人爲永遠無限度之行爲或不行爲，卽非法律所許。

（四）給付須不背於公共秩序或善良風俗。

國家爲保全社會安寧及維持國民道德起見，對於違背公共秩序及善良風俗之事件，不得不嚴予禁止，此爲近世各國立法例之所同。故債之當事人如以此等給付定爲債之標的者，自非法律所許。民法總則亦明定「法律行爲有背於公共秩序或善良風俗者無效。」（七十二條）故如訂結販賣鴉片之契約，或以供給賣淫爲給付標的之契約，均不能發生效力。

第三節 種類給付

以一定物品爲給付標的之債，關於其應爲給付之物品，有自始卽具體的指示確定者，有僅以種類數量性質指示者，前者稱爲特定物之給付，後者稱爲種類給付，亦稱不特定物之給付。前者如約定債務人移轉其所有之某幅古畫或其私藏之古鼎之類是也。此項給付，其給付物自始卽具體確定，不得以其他同種類之物代替之，此其特點也。後者如約定交米十石或豬肉十斤之類是也。此項給付，債務人得就同種類中任意選定給付物以消滅其債務。

事實上關於給付標的物究爲特定與否，往往有難於辨別者，有在其性質上介於特定與不特定之間而不易判別者，亦有在一般人之見解認爲非特定而當事人之意思認爲特定者，適用時，應依各該事件之性質並推求當事人之意思定之。

不特定物之給付，既僅以種類爲指示，則遇有同種類中之品質大有高下而當時人間事先又未約明應交付何種之品質時，則債務人卽選擇最低品質爲給付，苟於指示之種類相符，債權人決無拒絕受領而要求交付上等品質之權，此固本於理論上當然之結果。顧如此辦理，雖於債務人有益，但於債權人方面吃虧殊甚，且有礙於交易上之誠實及信用，並與當事人之本意不符，我民法爲免除此種流弊起見，明定於此時應依法律行爲之性質或當事人之意思定之。（二〇〇條一項）所謂依法律行爲之性質定之者，如關於消費貸借，應以與所借品質相同者償還之。所謂依當事人之意思者，如債權人向來家中均買上等米食用，此次雖未約定米之品質，然依已往事例可以推知其意思仍欲得上等之米是也。惟依法律行爲之性質不能推定又無從探討當事人之意思時，依法應給付中等品質之物。（二〇〇條一項）庶得情理之平，而不致於兩方各有所偏。惟品質如祇有上下兩種者，應聽債務人之選擇，債權人無請求給付上等品質之權。

種類給付與特定物之給付，兩者之區別卽在：種類給付，債務人對於給付物有代替之伸縮性，而特定物之給付，關於其給付物無自由選擇之權，債務人不得以其他同種類之物爲給付，此兩者之異點也。故雖爲種類給付，苟其給付物業經具體確定不能再爲變更者，其種類給付之性質卽由此消失，而成爲特定物之給付矣。

種類給付之標的物，一經交付，當然成爲特定，此固無庸明文規定者。惟在未交付之前，能否成爲特定，各國立法例尙不一致。依我民法所定，在未交付前，亦有兩種情形、能使種類給付成爲特定：（二〇〇條二項）（甲）經債權人之同意指定其應交付之物時，如買油一缸，在未交付前，經債權人同意由數百缸中指定其一以爲給付者，其給付物卽成爲特定，債務人不得以他缸之油爲給付（乙）債務人交付其物之必要行爲完結後，其物卽成爲特定，所謂必要之行爲完結者，卽債務人因履行債務所必須具備之手續均已完成是已。如約定應就債務人住址爲履行地之債務，祇須債務人準備給付並已通知債權人使爲受領時，卽係交付之必要行爲已完成。如應向債權人住址地履行者，須將給付物提存於債權人之住址地，其給付物亦卽成爲特定。

判例

以特定物爲買賣標的者，賣主不得以同種類數量之他物代爲給付。買主所買者，旣係有一定四至之地畝，則苟易一地，雖種類數量與之相同，亦不得强之以必受。（三年上字三七五號）

以給付不特定物爲標的之債務，僅訂明其物之種類者，若依行爲性質及當事人意思不能定其等級，則債務人應以中等品質之物給付，若其品質僅有兩種，則應由債務人自行選擇給付之。（四年上字二二三五號）以給付不特定物爲債權之標的者，須債務人給付其物所必要之行爲完結或得債權人同意指示其應爲給付之物，而後乃變成特定物。（日本明治四十二年大阪控訴院判例）

第四節　金錢給付

以給付一定數額之金錢爲債之標的者，爲金錢給付，雖非以金錢給付爲標的之債，但至履行不能而變爲損害賠償時，亦成爲金錢給付。故民法中關於金錢給付之規定，實佔極重要之位置，因實際上適用最多也。

金錢亦稱貨幣，爲交換之媒介，在經濟流通上最關重要。其名稱有紙幣銅幣銀幣金幣之別，就其應用於實際上之效力，又可分爲左述二種：

（一）通用貨幣。　卽經國家之公認具有一定之形式爲價格之標準而有强制通行之效力者是也。

（二）流通貨幣。此種貨幣，本無强制通行之效力，不過流通於市面，亦常用爲交換之媒介。如流行於我國內之外國鈔票及墨西哥之銀圓，卽其例也。

關於貨幣之價格，又有名價實價市價之分。名價卽貨幣額面之價格，如銀幣一枚，定明作一圓之用是也。實價，卽貨幣中包含物質所値之價格，如每一銀幣之銀質爲七錢二分是也。市價爲市面上交易之價格，卽貨幣之購買力是也。我國因幣制混雜，此三種價格，常不一定，於商界往來，關係甚大，亟應設法整理之。

關於金錢給付之內容，學者間因其性質之不同，又區分爲左列二種：

（一）金額給付。　金額給付者，卽以給付一定金額爲債之標的之謂也。此項給付，債務人得於各種通用貨幣中任意選定爲給付。因此項債務，祇言明以一定金額爲給付，並未限定以何種貨幣爲給付，在各種通用之貨幣，旣均有强制通行之效力，則債務人自得任意選擇爲淸償。債權人無請求給付某特種貨幣之權，理固當然。在我舊民法草案中曾有「債務人得以各種通用貨幣清償之」之明文，現行債編則刪除此規定，因此乃當然之結果，固無待明文規定也。關於通用貨幣之價額，事實上雖亦有名價實價市價之別，但計算時應純以名價爲準，因國家所以規定貨幣之名價者，原爲避免實價市價之差異，則償還時自應以名價爲準，不必問實價市價如何也。

當事人如以外國貨幣定給付額者，如未訂明亦應以外國貨幣爲給付，即可推知當事人之本意，不過以外國貨幣爲計算數額之標準，債權人並無欲得外國貨幣之意思，故債務人清償時，得以中華民國通用貨幣給付之。（二〇二條）惟其債務數額，原以外國貨幣爲指定，既以中華民國貨幣給付之，則換算標準，應依給付時給付地之市價以爲計算，方不致使債權人受損。（二〇二條）

又此種給付，法律上不過規定債務人得以本國貨幣清償之，並非限制債務人必須以本國貨幣爲給付也。故如債務人自願以外國貨幣爲給付時，既與債之本意不相違反，法律上自無禁止之理。

（二）金種給付。　當事人約定以某種金錢爲給付之標的者，謂之金種給付。如約定給付墨西哥銀圓若干枚是也。此項給付，債務人應以其約定種類之金錢給付之，不得以他種貨幣爲替代，如其約定之貨幣至清償期已失通行效力者，債務人不得仍以該失效之貨幣爲給付，債權人亦不能仍請求給付該貨幣，而應以他種通用貨幣爲給付。（二〇一條）蓋當事人指定某種貨幣之本意，不過爲某種之便利，僅爲一附隨的事件，非絕對限定必須以該特種貨幣爲給付也。但如當事人事先果有特定之表示，訂明絕對應以某種金錢爲給付，不得以他種貨幣代替者，卽成爲絕對的特種金錢給付，不得以他種通貨爲替代。故如該特種貨幣已失通行效力而債務人又無從覓得以爲給付者，卽生給付不能之問題。

當事人如約定應以外國貨幣爲給付者，卽成爲外國貨幣金種給付，債務人應以外國通用貨幣爲給付，（二〇二條但書）不得以中華民國貨幣代替之。

解釋

給付他種通用貨幣，應比較締約時所交貨幣，以兩者相差之價額爲折補之標準。（最高法院十七年解字第六一號）

判例

債務人將清償之標的物提存後，債權人應負擔其物滅失損毀或落價之危險。惟所謂標的物者，自指當事人之約定者而言。如約定以現金給付爲標的，債務人强欲以業經落價之紙幣或有價證券爲給付而又不肯按市價折合現金者，則在債權人自得拒絕受領。雖經債務人將該項紙幣或有價證券提存，嗣後更行落價，亦非債權人延遲所致，自不能令其負擔由此所生之損失。（最高法院十七年上字八三三號）

凡依契約對於他人負給付金錢之義務者，如約內未經約定以地方特用貨幣

爲給付之標的，自應以全國通用貨幣爲給付。（七年上字七三九號）

內國公債劵僅爲有價證劵之一種，不能作爲通用貨幣。（七年抗字一九八號）

金錢債務，應以履行時之通行貨幣清償。如履行時各地方通行貨幣種類不同，而其交換價値之大小又彼此互異者，除各該地方有特別習慣或當事人有特約外，應以締約地貨幣爲準。（五年上字二五二號）

凡對於他人負有金錢之債務者，應以通行貨幣給付，若通行貨幣有數種者，應以何種給付及數種貨幣之比價若有變更，是否應照債權清償時之金融狀態以比價較高之貨幣清償，或雖以低價貨幣清償而仍補足其差額，自應視當事人間有無特別約定及各地方習慣法則如何以爲判斷。如無特別約定及習慣法則，則依金錢債務之通則，自應由債務人選定，卽使債務人應負遲延責任，債權人亦僅能依法請求相當之遲延利息以爲賠償，而不得請求因比價變更所

生之差額。（三年上字一二二七號）

兩造立約，係以不通用之外國貨幣表示給付額而以折付當地通用之貨幣爲標的者，則其折算方法，除有特約外，應依約定支付日期之幣價爲折算標準。（八年上字一四五一號）

當事人如約定以現金給付爲標的，債務人强欲以業經落價之紙幣或有價證劵爲給付而又不肯按市價折合現金者，則在債權人自得拒絕受領。（最高法院十七年上字八三三號）

以特種通貨之給付爲債權之標的者，若至淸償期該特種通貨尙未失强制通用之效力，自應以特種通貨淸償之，而不得代以他種貨幣。（四年上字一六六號）

凡以特種通用貨幣之給付爲債權之標的者，若其通用貨幣至淸償期失强制通用之效力，須以他種通用貨幣爲淸償。（四年上字三九二號）

第五節　利息之給付

第一款　利息之意義

利息爲孳息之一種，孳息有天然與法定之別，利息者，即法定孳息中之一種也。關於利息之意義如何，學說上尙不一致。依一般通說，則利息者，乃使用他人之金錢或其他代替物，依一定之利率比照其原本之大小及其使用期間之長短所給與他人之同種類之報償也。利息係使用原本之報償，爲從屬於原本之債權，故利息之發生，必先有其主債權之存在，主債權消滅，則從債權即無所附麗，如原本債權依法不能成立，則利息債權即無由產生，反之，從債權雖消滅，而主債權仍自存在，惟主債權之爲物，必限於金錢或其他代替物，否則不得產生利息。如房客租住他人之房屋，退租時仍將原屋交還，並未將原物消費，故房客所給付之租金，不得謂爲利息。又利息之計算，必依其原本之大小及使用期之長短，並依一定利率爲計算，而利息之爲物，又必與原物爲同種類而後可，惟對此學者間多有採反對主張者。

判例

民事上之債務，本與商事有別，並非當然計利。若未約明利息，債權人自不得輒行請求。（八年上字九〇五號）

商人間因商行爲所生之債權，有約定利息者，固可請求其利息，卽使未經約定，而債務人如不能爲無利息之證明，且關於該債權亦無不須付息之慣例者，則按照條理，自應認爲有利息之債權，使債權人於相當範圍內得請求給付。（三年上字六〇九號）

利息爲原本使用之對價，並非以債務人得有利潤爲負擔利息之要件。（四年上字第二七號）

利息債權，爲原本債權之從權利，固不能先於原本而發生。（四年上字九八號

）

利息債權，常隨原本債權而消滅，故原本債權存續期內，利息債權亦因之存在。（七年上字一三七六號）

債務人是否尚能運用，原於給付利息之義務並無關係。（四年上字一五二號）

利息除債權人特別表示免除之部分外，應算至清償之日爲止。（三年上字第八〇七號）

計算利息，除地方有特別習慣及當事人有特別訂定外，以裁判執行之日爲計算終結之期。（三年上字七一八號）

利息債權，係從屬於原本債權，無原本債權，則利息債權不能發生。發生原本債權之法律行爲撤銷，則利息債權亦自始不能成立。但原本債權並不溯及既往僅向將來消滅時，則其以前已屆清償期之利息債權，不受何等影響。即已屆清

償期之利息債權，對於原本債權有獨立之性質。（日本大正六年大審院判例）

墊款，與不附利息之借款同，苟非遲延，並非當然發生利息。（日本明治三十年大審院判例）

已屆淸償期之利息債權，不問其爲約定利息與法定利息，亦不問其原本債權爲民法上之債權與票據債權，皆與原本債權獨立罹於時效。（日本大正六年大審院判例）

第二款　利息之種類

利息有約定與法定之分，約定利息，由於當事人之特約，法定利息，乃由於法律上所直接規定者，如給付遲延所生之遲延利息，（二三三條一項）及由於不當得利所生之利息（一八二條二項）之類是也。

第三款　利率

（一）約定利率。　利率爲計利之標準，約定利率，係由於當事人預先約定者，如於借款當時約明按月幾釐或常年幾分起息之類是也。

關於約定利率之限度，在學說上有主張應加限制者，其理由以爲債務人常處於經濟上弱者之地位，債權人往往乘機以重利爲盤剝，如果法律上不予限制，則債務人受害甚大，故爲保護債務人起見，對於相當限度以上之高利率應嚴予禁止。採反對主張者，以爲利息係使用原本之對價，利率之高下，隨情勢之急緩而有不同，如果法律上强予限制，卽與經濟流通有礙，轉與債務人不利，且高利率亦非法文所能禁止，當事人巧避之法正多，故不必違背經濟原理而予以限制，致干涉當事人之自由也。此兩說固皆言之成理，但事實上究以採用限制主義爲當。我民法明定約定利率至多不得超過百分之二十，（二〇五條）超過百分之二十以上之利息，債權人不得請求。（二〇五條）

民法中對於約定利息除限制最高度不得過百分之二十外，凡關於債權人方面有可認爲重利盤剝等情，如以折扣或其他方法巧取利息者，一概予以禁止。（二〇六條）所謂折扣者，如於借款時約定九五扣實收，則借款百元，實則祇收九十五元是也，所謂其他方法，不一而足，如於借款時預扣利息或於借據內虛載原本以避免法律上之限制等等，依法一概應予禁止，蓋非如是不足以保護經濟上之弱者而免富豪者之操縱壓制也。

法律上僅有前開規定，尙不足以盡保護債務人之能事。故又定明於約定利率逾周年百分之十二者，經一年後債務人得隨時清償原本。（二〇四條一項）無論當事人間約定期限爲若干年，債務人均有此種權利，且此種權利，不得預先以契約除去或限制之，（二〇四條二項）惟清償本利，於債權人有利害關係，倘不預先通知，使債務人隨時爲清償，債權人卽不免因此受意外之損失，故債務人爲此清償時，應於一個月前預告債權人。（二〇四條一項）如債務人不盡預告之手續而遽予清償，則債權人當然可拒絕受領，不待言也。

歸納條文所定，則債務人為此清償時，須具備下列三要件：（一）須約定利率在百分之十二以上，（二）須已經過一年後，（三）須於為清償之一個月前預告債權人。

（二）法定利率。　由法律直接規定之利率，謂之法定利率。凡應給付利息之債務，而當事人未經約定利率又別無法律可據者，適用法定利率，週年為百分之五。（二〇三條）

（三）複利。　複利，亦稱累利，即俗所謂利上滾利是也。此種計利方法，能使原本增加迅速，債務人負擔加重，為保護債務人起見，各國立法例多以明文禁止之。我民法亦有「利息不得滾入原本再生利息」（二〇七條一項）之規定。但當事人以書面約定利息遲付逾一年後，經催告而不償還時，債權人得將遲付之利息滾入原本者，為顧全債權人利益起見，應認其約定為有效，准債權人將該遲付之利息滾入原本。（二〇七條一項）惟適用時應具備之要件有三：（

一）須當事人以書面約定者，（二）利息須遲付逾一年後，（三）須經催告而不償還，否則仍不得遽將利息滾作原本。惟此項規定，如商業上另有習慣者，不適用之，（二〇七條二項）斯應注意者。

關於利率之限制，已如前述，此外猶有應加說明者，卽債權人所得請求利息之總額，不得超過本金，卽俗所謂一本一利是也。在前淸現行律有「私放錢債，年月雖多，不得過一本一利」之明文。現行債編雖未有同樣限制之規定，但依第二百零五條所定，利率最高者爲週年百分之二十，而民法總則中關於消滅時效之規定，對於利息又限定各期給付請求權因五年間不行使而消滅，（一二六條）故利息債權，祇能於五年以內行使請求權，依照百分之二十之利率，按五年之期間計算，適爲一本一利，此外逾五年以上之利息，卽因罹於消滅時效之結果，失去其請求權，故超過本金以上之利息，債權人不得請求債務人爲給付。可知債編中雖無一本一利之明文，而實際仍與現行律之限制得同一之結果，惟已經償還之利息，不得合併計算，而受一本一利之限制，此適用時應注意者也。

解釋

在未隸國民政府管轄以前，所訂之借貸契約，如利息超過百分之二十之限度，除已付之利息不再追溯外，其尙未付之利息，卽應遵照規定利率辦理。（司法院十八年解字第二號）

中國國民黨中央執行委員各省區代表聯席會議已經通過禁止重利盤剝，最高利率不得超過百分之二十之決議案，並經中央執行委員會政治會議議決咨請國民政府公布，於十六年八月一日起一律實行在案。此法案施行之後，在國民政府直轄區域內卽有强行之效力。現行律所規定每月取利，並不得過三分，已不適用。若當事人對於利息有所約定，而超過現頒利率，卽爲重利，自屬違禁，至債權人於付本之始，先將利息扣除，縱令債務人承認，亦應視爲盤剝。（最高法院十七年解字三〇號）

債務人係在本年（十六年）八月一日後履行債務，自應受現定年利不得超過百分之二十之限制。（最高法院十六年解字第三號）

債務人應給付之利息，在改定利率以後尙未清償者，仍應遵照現頒利率給付。（最高法院十七年解字二一八號）

確定判決雖在頒令以前，而債務人應給付之利息，旣未於十六年八月一日依判執行完結，則在八月一日以後尙未淸償之利息，自仍應遵照現頒利率給付。（最高法院十七年解字二一八二號）

判例

對於債權人欠有本息而爲給付者，如未得債權者特別同意，自應以之先充利息之淸償。（最高法院十七年上字六七七號）

約定利率年利不得超過百分之二十，自十六年八月一日實行，已有明令公布，其在十六年八月一日以前債務人已經依約給付之利息，雖超過最高限度，可不溯及既往，若在明令頒布前未清償之利息，係於十六年八月一日以後責令債務人履行此種義務，自應一律不許超過最高限度。（最高法院十八年上字七五七號）

金錢債權，苟未逾一本一利之限制，則其債權關係存在一日，卽應有一日之利息。（四年上字一〇六五號）

現行律載一本一利之規定，其已經償還之利息，不得合併計算。（四年上字一四六四號）

金錢債權利息，依照現行通例，固應以清償之日爲計算終結之期，但計算結果，如利息之額數（除已付之利息而言）實已超過原本，則因私債權不過一本一利，現行律有明文規定，卽應受其限制。（七年上字二七七號）

商人間之金錢債務，計算利息，如依商場習慣，逾一定期間尙不償還，應由債權人滾利作本再行加利，自應依習慣准其加算利息。蓋此項特別習慣，既未與法

律之明文相抵觸，而揆諸商人專以營利爲業之本旨，又非此不足以保護其應有之利益故也。（四年上字一五三九號）

利息債權，如已依法滚爲原本，則卽爲原本之一部，而由此所生之利息，亦當由債務人負擔。（五年上字三九號）

借金證書載明應付利息之旨，而未定有利率時，應依法定利率，卽每年百分之五。（日本明治四十三年名古屋控訴院判例）

超過利息限制法所定利率之利息，債務人任意支付時，固當别論。苟未任意支付，債權人對於債務人不得於裁判上强求履行。（日本大正二年東京控訴院判例）

利息限制法爲有關公益之强行法，凡要求金錢貸借之利息金過怠金事件，裁判所不可不就其有無違背限制法而爲調查，苟不爲調查而漫然爲認許要求之裁判，乃不法裁判也。（日本明治三十七年大審院判例）

第六節　選擇給付

第一款　選擇給付之性質

選擇給付者，乃於預定數宗給付中，得選擇其一以爲給付標的物之謂也。故選擇給付有下列之特點可論：

（一）選擇給付，其被選擇之給付必須預先個別指定者。選擇給付與種類給付不同，在種類給付，關於其應爲給付標的物，僅以種類爲指示，債務人得就同種類之物品中任意選定而爲給付。至選擇給付，其給付之標的物，雖亦得於數宗給付中任擇其一，但其被選擇之數宗給付，均係預先個別指定者，選擇權人僅能就原經指定之數宗給付中，選擇其一宗以爲給付，不得於指定之數宗給付以外選擇其他給付以爲清償。且在種類給付，其選擇權專屬於債務人，至選擇給付，在原則上其選擇權雖屬於債務人，但法律如另有

規定或契約另有訂定者，即屬於債務人以外之債權人或其他第三人。（二〇八條但書）

（二）選擇給付，得就數宗給付中任擇其一以消滅債務。學者間有認選擇給付係以數個給付爲目的之數個債之關係者，然果如此解釋，則與事實不符，因數個債權，則必須有數宗給付方能使數個債權消滅，至選擇給付，祇須有一宗給付，而其債權即行消滅，不過得爲給付之標的物有數宗，而須由選擇權之行使任擇其一以爲給付而已。可知此種給付，其債權仍爲一個而非數個，否則即不能以一宗給付而使債務完全消滅。

第二款　選擇權之移轉

選擇給付之選擇權，除法律另有規定或當事人以契約特別訂定外，原則上屬於債務人。（二〇八條）雖應由第三人行使選擇權，但於該第三人不能或不願行使時，則選擇權仍屬於債務人。（二一〇條三項）因給付標的之不特定，恆爲債務人之利益。故於第三人不能或不願行使選擇權時，仍應歸諸債務人行使也。

選擇權雖因法律規定或契約訂定應由債之當事人之某造享有之，然如該選擇權人應行使而不行使，則對造即不免因此受損害，故法律上於此特加該權利人以相當之制裁，以督促其行使選擇權。此制裁爲何？即使原來享有選擇權利人喪失其權利，而由對方行使選擇權，所謂選擇權之移轉者是也。凡選擇權定有行使期間者，如於該期間內不行使，其選擇權即移轉於他方當事人。（二一〇條一項）選擇權之行使期間雖未明定，然至債權淸償時期，應即行使選擇以爲給付，庶使債之關係早日消滅。如選擇權人迄淸償期仍不行使，則對方得定相當期限催告權利人行使選擇，如受催告人仍不於所定期限內行使者，其選擇權移轉於催告之當事人。（二一〇條二項）

判例

在選擇債務，當事人間自始約定以選擇權付與債權人，本屬無妨。（日本明治

四十一年大審院判例）

第三款　選擇權之行使方法及其效果

選擇權一經行使，則爲給付之標的物從此確定，不得更以他宗給付代替之，此之謂選擇給付之特定。且行使選擇之效力，溯及於債之發生之當時，（二一二條）不僅從選定時向將來生效力也。法律上所以如此規定者，實以給付之標的物雖自選定時方始確定，然其債之關係之成立，則早在未開始選擇之前，故應溯及債之發生時發生效力。債務人於債之發生後，未經選定給付前，就該選定之給付物有所取得或享受何種利益者，均應返還於債權人。如給付物爲雞鴨，則在此期間所受之雞卵鴨蛋，應與該給付物一併交付於債權人。

選擇權行使之方法，應以意思表示爲之，如選擇權人爲債之當事人之一造，則應將此意思表示向他造爲之。（二〇九條一項）如由第三人爲選擇者，應向兩造當事人以意思表示爲之。（二〇九條二項）爲此選擇時，祗須有其意思表示示爲已足，無庸得何造之承諾或同意也。

判例

選擇債務之選擇權屬於第三人時，該第三人若已向債權人或債務人爲選擇之意思表示，則不問相對人有無承諾，生其效力，其債權標的之給付，即爲確定。

（日本大正五年大審院判例）

第四款　給付不能之結果

選擇給付之數宗給付物，本有互相塡補之作用，故雖有一部分給付不能時，而其債之關係，依然存在於其他可能部分之上，無論其不能爲自始的不能或嗣後的不能，均得就餘存可能部分擇一給付以消滅債務。（二一一條）但其不能之原因，如係出於無選擇權之當事人之事由者，則選擇權人之權利，並不因此而受影響。（二一一條但書）卽此時之選擇權，不僅存在於可能給付之部分，卽給付不能之部分，亦仍得選定爲給付以消滅債之關係。因他造一方應負責之事由，不能影響於選擇權人之利益也。於此時際，選擇權人如係債務人，即得選擇不能之給付以消滅其債務，或選定可能部分為給付，而就不能之部分向債權人請求賠償損害。反之，選擇權人如係債權人，得選定可能部分為給付標的物，或選擇不能之給付，而向債務人為損害償賠之請求。

第七節　損害賠償之給付

第一款　損害賠償之意義

損害賠償者，乃賠償權利人因應歸責於賠償義務人之事由所受之不利益，對於賠償義務人請求塡補其損害之權利也。所謂不利益，不以財產上所受之損害為限，即非財產上所生之損害亦包括在內。如精神上所受無形之損害，亦得請求相當之金額以慰藉其精神上之痛苦，即學者間所謂慰藉金是也。但無論如何，必須實際上先有損害之發生，而後方生賠償之問題。

賠償義務人所以應向被害人（卽賠償權利人）塡補其損失者，必以被害人之受損害，係由於賠償義務人應負責之事由所致者，始負損害賠償之義務。否則縱令被害人實際上受有若何之損害，亦絕無向他人請求賠償之權利。如因自己之疏忽致被火災，或因地震致房屋倒坍，一則係出於本人之過失，一則係由於自然界之不可抗力，縱令因此受損，亦不得向他人請求賠償，必也。被害人之受損害，係出於賠償義務人應負責之事由，而其事由與損害之間，依事物通常狀態，社會普通一般觀念，認爲兩者間有因果之關係者，然後方生損害賠償之問題。可知損害賠償請求權之成立，必須具備三要件：（一）損害之發生。（二）應由賠償義務人負責事由之存在。（三）損害之發生與賠償義務人應負責之事由之間有因果關係。

通常發生損害賠償之原因，有由於債務之不履行者，有由於侵權行爲而生者，有由於國家之强制公用徵收者，亦有由於當事人間之契約者，如保險金卽其例也。惟債編中所規定之損害賠償，專限於債務不履行及侵權行爲兩種，其他卽不屬本編研究之範圍。

判例

損害賠償請求權之發生，必以受有損害爲前提。（七年上字九六八號）

雖使用類似商標而販賣商品，然不能證明實際受有損害時，仍不應命其賠償。（日本大正六年東京控訴院判例）

債務不履行，惟於債權人因此而生損害時，債務人始任損害賠償之責任。若無何等損害，雖爲不履行，亦毫無賠償之義務。（日本大正八年神戶地方裁判所判例）

因身體受傷而請求損害賠償，不問其爲債務不履行之際抑爲侵權行爲之際，皆須有因傷而受財產上或精神上損害之事實。（日本大正五年大審院判例）

依吾人之智識經驗足認某行爲應發生某結果時，該行爲卽爲發生結果之原

因。（日本大正二年大審院判例）

侵權行爲與損害之間有無因果關係，應依事物通常之狀態，本於社會普通之觀念判斷之。（日本大正六年大審院判例）

依一般的觀察，同種之條件存在時，當生同種之結果者，不問其條件爲直接的抑爲間接的，亦不問同時存有他之原因與否，其行爲應對於其結果負責任。假令有他之事實介入於行爲與結果之間，而其行爲仍不失爲結果之原因。（日本大正六年神戶地方裁判所判例）

第二款　損害賠償之方法

關於賠償損害之方法，有回復原狀與金錢賠償之兩大主義。前者乃使債務人回復債權人未生損害前之原狀，後者則計算被害人之損失，而以金錢爲之補償。此兩大主義，孰優孰劣，誠難遽斷。依理論言，應以回復原狀主義爲最合理，依實際論，則又以金錢賠償主義爲便。故兩者各有得失，各國立法例亦不一致。我民法以採用回復原狀主義爲原則，以金錢賠償主義爲補充。故於應負損害賠償責任者，明定「除法律另有規定或契約另有訂定外，應回復他方損害發生前之原狀。」（二一三條一項）又因回復原狀而應給付金錢者，應自損害發生時起加給利息。（二一三條二項）所以應自損害發生時起加給利息者，因損害賠償請求權之成立，實始於損害發生之時，非自賠償損害時爲開始也。

採用回復原狀主義之結果，於理論上固甚適當，但於實際上不便殊多，且有絕對不能回復原狀者，如撕破他人獨有之古畫，無論如何，不能再行回復未撕破前之原狀是也。故立法上如果絕對採用回復原狀主義，不單於適用時多所不便，且事實上亦絕對爲不可能。故雖在原則上採用回復原狀主義之國家，亦不得不以金錢賠償爲救濟，我民法當然不能獨自例外。故於「不能回復原狀或回復顯有重大困難者應以金錢賠償其損害。」（二一五條）又雖在應回復原狀之事件，然如經債權人定相當期間經催告後逾期不爲回復時，債權人得請求以金錢賠償其損害。（二一四條）亦所以救濟回復原狀主義之不足也。

判例

因侵權行爲之債權，非待判決而始發生，乃於爲侵權行爲時卽已發生者。故請求該項債務之履行，雖在判決之前，債務人亦因履行之請求而負遲延責任。（日本大正七年大審院判例）

第三款　損害賠償之範圍

關於損害賠償之範圍，如法律有特別規定者，從其規定，雖無法律上之特別規定，如當事人間預以契約訂定者，亦應依其契約所訂定者辦理。必至法律上無特別規定而當事人亦無契約訂定時，方有適用一般法定賠償範圍之必要，此於適用時應予注意者也。依我民法二百十六條至二百十八條所定，可分別說明如左。

（一）原則：損害賠償之範圍，在原則上「應以塡補債權人所受損害及所失利益爲限。」（二一六條一項）

學者間往往分損害爲積極的及消極的兩種，前者爲被害人現實所受之不利益，後者爲可得享受之利益而因一定事由致不能享受者屬之。法文上所謂「債權人所受損害」係屬於積極的損害。「所失利益」卽係消極的損害。而此兩者之損害，均爲債務人應賠償之範圍。惟積極的損害，乃現實所受之不利益，其數量尙易於確定。至消極的損害，苟無明文規定，則適用時頗難定其標準。民法爲免除此種困難起見，明定「依通常情形或依已定之計劃或其他特別情事可以預見之利益，視爲所失利益。（二一六條二項）例如商人某甲以販賣爲目的買受外貨一萬元，由某乙負責保管。當時因金價飛漲，該外貨價格增加二分之一，而該貨忽因乙之重大過失致被焚燬時，則某甲所受積極的損害爲一萬元，而其消極的損失，則爲五千元，故乙應負一萬五千元之賠償責任。

（二）例外：　賠償損害之範圍，原則上固應包括所受損害及所失利益在內。惟法律上所以命賠償義務人負賠償責任之理由，原以損害之發生，係由於賠償義務人應負責之事由所致者爲前提。如其損害之發生或擴大，被害人亦與有過失者，則被害人對於其所受之損害，亦應依其過失之輕重，自負相當之責任，卽無仍命賠償義務人完全賠償其損害之理。故「法院得減輕賠償金額或免除之。」（二一七條一項）所謂與有過失者，如重大之損害原因，爲債務人所不及知而被害人不預促其注意或怠於避免或減少損害者，卽爲與有過失。（二一七條二項）

損害之發生，被害人雖未與有過失，但亦非出於賠償義務人之故意或重大過失者，則其情有可原，如因賠償損害更致於其生計有重大影響時，法院亦得減輕賠償之金額。（二一八條）亦所以保護經濟上之弱者而減輕其負擔之規定也。

判例

損害賠償，應以通常所應生之損害及依特別情事所可預期之損害爲限。（六

年上字九二四號）

所謂普通損害者，不限於積極之損失，卽消極之損失，換言之，卽債權人因債務人未能如約履行致其可得利益之喪失，亦包括在內。（四年上字九二四號）

就損害之發生或擴張，被害人亦有過失者，審判衙門得斟酌被害人之過失以定賠償之責任。（四年上字一九一〇號）

商人以營業之目的買受物品，而賣主不履行其契約時，若至履行期後標的物之價額騰貴，則買主縱令實際不轉賣於他人，亦得對於賣主請求賠償其騰貴之差額。（日本明治四十一年大審院判例）

對於房屋不使用之損害，苟無何等立證，應以相當於該房屋之普通租金額爲標準。（日本大正六年東京地方裁判所判例）

第四章　債之效力

第一節　總論

債之當事人，因債之關係發生之結果，債權人得請求債務人爲給付，債務人則負有爲其給付之義務，故債之主要的效力，卽債務人之給付是已。

債務人旣因債之關係對債權人負有給付之義務，如到期應爲給付而不給付，則法律上應予以一定之制裁，反之，如債權人對於已提出之給付拒絕受領或不能受領，則債務人之責任減輕，間接與債權人以不利益之結果。故因債務人給付遲延或債權人受領遲延所生之效果，亦爲債之效力之一種。

法律上爲保全債權人之權利起見，規定債權人於債務人怠於行使其權利，或債務人之行爲有害於債權人之權利者，債權人爲保全自己之權利計，得行使代位權或廢罷權以保全其債權。故保全亦爲由債之關係上所生之效力。

此外我債編又仿世界最新之法例，將契約標的之給付不能以及定金違約金與契約之解除等等列入於債之效力之範圍，因此債之效力成爲四種，卽：（一）給付，（二）遲延，（三）保全及（四）契約是已。

世界各國立法例，對於債務人任意不爲履行時，所加之法律上之制裁有二：一爲强制履行，一爲損害賠償，此兩者相輔而行，方能得債權之充分效果。我民法規定債務人不爲給付或不爲完全之給付者，債權人得聲請法院爲强制執行，並得請求損害賠償。（二二七條）又於遲延後之給付，於債權人無利益者，債權人得拒絕給付，並得請求賠償因不履行而生之損害。（二三二條）卽係兩者併用之明證也。惟法文所謂聲請法院爲强制執行，關於聲請兩字，實係用語錯誤。因普通聲請法院爲强制執行，須以得有確定判決爲前提，在未得確定判決以前，債權人之權利是否眞實存在，尙未得確定之解決，故祇能先以債權名義向法院起訴，尙未至聲請執行之時期也。

第二節　給付

第一款　給付義務

債權人本於債之關係，有請求債務人爲給付之權，債務人因債之關係，卽負有對債權人爲給付之義務。如債務人應爲給付而不給付，卽係違反法律上之義務，債權人得聲請法院强制執行，並得請求損害賠償。（二二七條）

給付標的物有可分與不可分之別，關於不可分之給付，如給付汽車一輛或給付茶杯一隻，其債務人自應將標的物一次完全交付，事實上亦無分部給付之可能。惟於可分給付，債務人能否爲一部之給付，而債權人有無請求爲一次全部給付之權，又如債務人僅先提出一部分之給付時，能否發生履行債務之效果，實爲適用時應先解決之問題。依民法二百二十七條所定，債務人不爲給付或不爲完全之給付者，債權人得聲請法院强制執行並得請求損害賠償。可知不爲完全之給付，與不爲給付同係違反履行給付之義務。故雖在可分給付，債務人亦無分部給付之權。誠以債務人之履行債務，須依債之本旨而爲之，債權旣係整個的權利，如准予分部給付，卽與債之本旨不符也。

債務人履行債務，應依誠實及信用方法爲之，民法特以明文規定之，（二一九條）此本爲訓示的規定，卽無此規定，亦應如此辦理也。債權人之行使債權，亦不得違反誠實及信用之方法，（二一九條）亦屬理所當然。

判例

債務人不爲完全之履行者，債權人得有拒絕之權。（三年上字一一二八號）

債權之標的雖爲可分割給付，然法律行爲無特別訂定者，債務人當於同時負全部給付之義務，不得僅爲一部給付。（四年上字一〇一二號）

所說一部給付，不得謂爲完全之給付。故於給付遲延，不因一部給付而生何等之消長。（日本大正七年東京地方裁判所判例）

第二款　債務人應負責之事由

所謂債務人應負責之事由，卽其事由之發生，係出於債務人或其代理人使用人之故意或過失，而因此事由所生之結果，應由債務人負其責任之謂也。在通常情形，債務人祇就其故意或過失之行爲負其責任。（二二〇條一項）惟當事人如以特約訂明對事變亦負責任者，亦無不可。關於故意與過失之意義，前已於侵權行爲一節內說明其大概。所謂過失者，卽應注意並能注意而不注意之謂也。惟債務人應注意之程度，有僅須與處理自己事務盡同一之注意者，有須盡交易上必要之注意者，前者乃指其處理事務祇須與其本人平時處理自己事務盡同一之注意程度已足。債務人苟已盡此注意，則對於損害之發生，在一般人之觀念上，雖應認爲有輕微過失，而債務人亦不負其責。惟其損害之發生，如係出於債務人之重大過失者，則雖在債務人之注意程度已盡其與處理自己事務盡同一之注意，亦仍應負責。此民法二百二十三條所明定者也。所謂應盡交易上必要之注意者，乃指抽象的、依交易上一般觀念所認爲應盡之注意程度之謂。不問債務人平時處理自己事務之注意程度如何，苟有過失，不問輕重，均應負責。此兩者之區別也。

當事人如預先以特約訂明減輕債務人之責任者，法律上原無不可。惟其免責之程度，僅及輕微過失而止，關於故意及重大過失之責任，不得預先免除。當事人如訂結此種特約，亦屬無效。（二二二條）蓋非若是，不足以保護交易上之安全也。

債務人應負責之事由，不以該事由之發生，出於債務人本人之故意或過失者爲限。債務人之代理人或使用人，對於債之履行有故意或重大過失者，除當事人間另有特約訂定外，其債務人應與自己之故意或過失負同一之責任。（二二四條）所謂契約另有訂定者，如當事人間約明如代理人或使用人關於債之履行有故意或過失時，由債權人直接向該代理人或使用人交涉，與債務人本人無涉之類是也。

債務人如爲無行爲能力人或限制行爲能力人，關於其行爲之責任如何，法律上應有明文規定，方足以免除爭議。民法二百二十一條定明於此等情形，其責任依一百八十七條之所定。故債務人如係未成年人或限制行為能力人者，關於其故意或過失之責任，以有識別力者為限，與其法定代理人負連帶責任。無識別力時，由其法定代理人負責。法定代理人如於監督並未疏忽或縱加以相當之監督而其事由仍不免發生者，則法定代理人不負責任。如依上開規定，不能限令何人負責時，法院得斟酌債權人與債務人之經濟狀況，令債務人負全部或一部之責。（一八七條）惟於此應注意者，即一百八十七條第四項不在準用之列，而民法二百二十一條僅云「依第一百八十七條之規定，」未將該條第四項予以除外之明文，實立法上之疏忽也。

判例

債務人所負過失之責任，依事件之性質而有輕重，如其事件，非予債務人以利益者，應從輕酌定。（二二〇條二項）庶於情理相符。

凡應注意並能注意而不注意者，爲有過失。（五年上字一〇一二號）

重大過失，卽全然欠缺注意之謂。故僅須用輕微注意卽可預見之情形，而竟怠於注意不爲相當準備者，卽不可不謂爲有重大過失。

所謂非歸責於債務人之事由，不必與債務人之無故意過失同一意義，蓋以債務人對於故意過失固應負責，而依法律之規定或契約，亦有事變應由債務人負責者，此時債務人雖無故意或過失，而因事變發生以致給付不能，亦爲歸責於債務人之事由，應由債務人負其責任。（八年上字八七號）

租賃存續中，租賃物因不應由租賃人負責之事由而滅失時，租賃人不負損害賠償責任。所謂應由租賃人負責之事由，除法有特別規定或該地方有特別習慣或當事人間有特別約定租賃人於事變亦應負責外，當以租賃人之故意或過失爲限。（最高法院十八年上字一〇七四號）

重過失卽情狀特重之抽象的注意之欠缺，易言之，卽依其情事任何人所應爲

之注意有所怠忽者。（日本明治四十三年東京控訴院判例）

第三款　給付不能

給付不能，有自始不能與後發不能之別。債之給付標的，如係自始的不能，卽不具備債之標的之要件，其債之關係不能發生效力，前於債之標的一章內已言及之。本款之所謂給付不能，專指後發的不能而言，自始的不能，不包括之。

所謂不能，又有廣義狹義之別。狹義的不能，專指物理上的不能而言。廣義的不能，則凡依一般交易觀念上應認爲不能者，雖非物理上的不能，亦應認爲給付不能。民法上之不能，應以廣義說爲當。例如賣主已將標的物出賣於第三人，依物理上言，債務人不妨仍向第三人買囘其原物以移轉於債權人，故不生給付不能之問題，但依一般交易上之觀念，欲向第三人買囘原物以移轉於買主，在所不能，故亦應認爲給付不能。

因給付不能所及於債務人之責任如何？應以其不能之原因是否出於債務人

應負責之事由所致者以爲斷。如其給付不能之原因，係出於不可抗力，或雖非不可抗力而亦非出於債務人應負責之事由者，債務人免除給付義務。（二二五條一項）如給付標的物爲房屋一座，因地震陷落致原屋滅失者，債務人固應免除給付義務。卽其房屋之滅失，非出於不可抗力，而係出於第三人之過失致失火焚燬者，債務人亦可免除給付義務。惟此所謂不能，專限於客觀的不能而言，若僅爲主觀的不能，在債務人雖無履行給付之可能，但仍應對債權人負擔損害賠償之義務，不得免除其責任也。

給付不能之原因，如係出於債務人應負責之事由所致者，債權人得向債務人請求損害賠償。（二二六條一項）因債權人之權利，不能因債務人之故意或過失而受損失也。

給付不能，有一部不能與全部不能之別，因應歸責於債務人之事由致一部給付不能者。則債權人得就可能部分請求爲給付，而就不可能之部分請求損害賠償。但其餘存可能部分之履行，如於債權人無利益者，債權人得拒絕可能部分之給付，而請求全部不履行之損害賠償。（二二六條二項）例如給付標的物爲房屋三間，適足供債權人居家之用，若因債務人之過失焚去一間，致其餘兩間不足以達債權人使用之目的者，債權人得拒絕餘存兩間之給付，而請求全部不履行之損害賠償。

此外尚有應加說明者，卽在種類給付，法律上不生給付不能之問題。因在種類給付債務人得於同種類之物品中任意選定爲給付，苟事實上尚有同種類之物可以選定爲給付者，卽不生給付不能之問題。故雖非因歸責於債務人之事由致債務人成爲主觀的給付不能，亦仍不能免除給付義務。例如給付物爲食米若干石，而債務人貯藏食米之倉庫，忽因天災被焚燬淨盡時，債務人仍應買入同種類之食米爲給付，不得因此免除給付之義務也。關於此在前民法草案曾設有明文，現行民法雖無此規定，然依法理之見地，固應採取同一之解釋也。

判例

債務關係發生後，非因歸責於債務人之事由致不能給付者，債務人得免其義務。（八年上字八七號）

契約因事變之履行不能與契約之不履行有別，凡契約當事人一造，任意違約不履行義務者，就相對人因此所受損害固應負賠償之責，惟其履行不能，若係因不可歸責於債務人之事由，則除有特約外，就相對人因此所受損害，並無賠償之義務。（七年上字一二九九號）

金錢債權，不容有履行不能之觀念，故債務已至淸償時期者，除有特別法令或債權人曾有特別之意思表示外，債務人不得以喪失資力為展緩之請求。（四年上字三六五號）

金錢債務之債務人，雖實因不可祛避之事故以致資力喪失者，亦不得反乎債權人之意思而主張減免。（三年上字一〇五四號）

金錢債權，與其他以特定物，或不特定物爲標的之債權不同，債務人不能如約償還時，無論其有無過失，卽其履行不能之原因，無論是否出於事變，債務人不能免其責任。債權法上於此種債權，不能發生給付不能之觀念，債務人若因一定事因致無力淸償時，除另有法律上原因外，應認爲執行不能或執行有窒礙，在執行法上自有一定之辦法，倘各該地方有倒號習慣法則，則應經過倒號程序，而不能於根本法上消失其債務之本體。（二年上字一六四號）

日本民法第四百十五條及五百四十三條所謂給付不能，不必爲物理的不能，依一般交易觀念應認爲不能者，卽應認爲給付不能。（日本大正二年大審院判例）

賣主將買賣標的物讓與於第三人時，欲向第三人取回以移轉於買主，依交易上之一般觀念，在所不能，因而買主對於賣主，不可不認其有全部賠償請求權及契約解除權。（日本大正二年大審院判例）

履行不能時，債務人雖得免履行之責，但其不能，以絕對不能者爲限。（日本明治四十年東京控訴院判例）

第四款　代償請求權

給付不能，非因應歸責於債務人之事由所致者，債務人免除給付義務，前已言之。惟債務人於免除給付義務外，對於第三人享有損害賠償請求權者，事實上往往有之。例如給付標的物爲房屋，並保有火險者，則債務人於該屋被焚後，卽得向保險公司領受保險金是也。此時債務人不特對於債權人方面免除原有之給付義務，且於免除責任外，復因給付標的物之滅失而取得保險金之利益，而債權人所受給付不能之損失，則轉無求償之道，又豈立法之平。故法律上於此時明定債權人得向債務人請求讓與其損害賠償請求權，卽該債務人應將對保險公司之保險金請求權讓與於債權人，債務人如因對於第三人行使損害賠償請求權而領受第三人所交付之賠償物者，債權人得請求讓與其物。（二二五條二項）此項權利，學者稱之曰代償請求權。

賠償義務人既應塡補賠償請求權人因物或權利上所受之損失，則賠償請求權人已往所受之損害，卽因賠償而得全部之補償。如不將基於其物之所有權或基於權利對於第三人之請求權讓與於賠償義務人，是卽使賠償請求權人受有雙重之利益矣。法律上爲免除此種不當之結果起見，規定賠償義務人得請求賠償請求權人讓與基於其物之所有權或基於其權利對於第三人之請求權。（二二八條）如某甲以貴重之皮衣一件託乙爲之保管，乙將其衣置於不加鎖之箱中，致被丙竊去。此時甲對乙固得請求損害賠償，而對丙又得行使物上所有權，卽甲因此受有雙重之利益。此時乙得請求甲將其對於丙之皮衣所有權讓與自己。（參閱鄭爰諏債編集解五七頁）

第三節　遲延

第一款　遲延之意義

遲延有給付遲延與受領遲延之別，給付遲延者，乃債務人應爲給付而逾期不爲給付之謂。受領遲延者，乃債權人對於債務人已提出之給付，不爲受領或不能受領之謂。因給付遲延所生之效果，則債務人所負擔之義務加重，反之，因債權人遲延受領之結果，則債務人之責任減輕，茲將此兩者分別說明之。

第二款　給付遲延

（一）遲延之發生。

給付遲延之發生，以給付可能並經過應爲給付之時期而不爲給付爲前提。因給付如係不可能，則債務人即根本不能爲給付，自無所謂給付遲延也。至給付之期間，本爲債務人之利益而設，期間如未經過，自不生給付遲延之問題。惟債務人究應於何時起負遲延之責任，依我民法所定，凡給付有確定期間者，債務人自期限屆滿時起負遲延責任。（二二九條一項）給付無確定期限者，債務人於債權人得請求給付時，經其催告而未爲給付，自受催告時起負遲延責任，其經債權人起訴或依督促程序送達支付命令者，與催告有同一之效力。（二二九條二項）催告如定有期限者，債務人自期限屆滿時起負遲延責任。（二二九條三項）法文所謂自催告時起負遲延之責任者，並非謂自受催告之當日卽負遲延責任，乃謂由受催告之翌日起方負遲延之責任也。因債務人在受催告之當日如爲履行，本屬適法履行給付，原不生遲延之問題，故其遲延責任之開始，乃在受催告之翌日也。所謂依督促程序發給支付命令者，卽債權人依特別訴訟程序請求法院對債務人發給支付命令以督促債務人履行其債務之謂，其效力與起訴同。

債務人之負擔遲延責任，應以其遲延之原因出於債務人應負責之事由爲前提。如其遲延之發生，非出於債務人之故意或過失，則雖經過應爲給付之時期而不履行，債務人亦不負遲延之責。（二三〇條）如給付物應運送至約定履行地交付者，若屆期因交通斷絕無從運送時，雖經過應爲給付之時期，債務人亦不負遲延之責任。

（二）遲延之效果。

債務人經過應爲給付之時期而不爲給付，卽係違反法律上之義務，故法律上應予以相當之制裁，庶足以保護債權人之利益。此制裁爲何？卽自遲延之時起，使債務人負擔之義務因此加重，卽學者所謂遲延責任者是也。茲更分述如左：

（甲）債權人得請求賠償因遲延所生之損害。（二三一條一項）

（乙）債務人在遲延中，對於因不可抗力而生之損害，亦應負責。（二三一條二項）

因不可抗力所生之損害，既非由於債務人之故意或過失所發生，原無全由債務人負賠償責任之理。但其不可抗力之發生，如係在債務人遲延中所生者，則債權人之受損害，卽係由於債務人履行遲延之所致，倘債務人依期履行，則債權人卽不至受此損失，故雖出於不可抗力，亦應由債務人負賠償之責。例如給付標的物爲皮袍一件，在給付遲延中，因天災致將該衣焚燬時，則債務人應賠償債權人因不能獲得該皮衣之損失。因如債務人依期給付，則該衣卽不致被焚也。但如債務人能證明縱不給付遲延而仍不免發生損害者，債務人卽不負賠償之責。（二三一條二項但書）因此時債權人之受損害，非由於債務人給付遲延之所致，卽損害與遲延之間，本無因果關係，故債權人縱受實際上之損害，亦不應由債務人負責也。例如給付標的物爲房屋一所，債權人預擬作爲居家之用，而該屋忽於債務人給付遲延中因地震致陷落時，在債權人方面雖因不能得屋而受有損害，亦不得向債務人請求賠償。因此種情事，縱令債務人依期履行給付，而債權人之損失仍不免發生也。惟此時證明之責，應由債務人負擔，斯亦應注意者。

（丙）遲延後之給付，於債權人無利益者，債權人得拒絕其給付，並得請求賠

償因不履行所生之損害。（二三二條二項）

債務人如依期履行給付，無論其給付於債權人有無利益，債權人均不得拒絕受領。惟因債務人給付遲延因而致其履行於債權人無利益者，則債權人得拒絕之，而請求損害賠償。如某甲向酒館定菜若干席於喜期內請客，該酒館不依期履行而於喜期後送菜，則其給付即於債權人無利益，故法律上准許債權人拒絕給付，而請求賠償因不履行所生之損失。

（丁）遲延以支付金錢爲標的之債務者，債權人得請求法定遲延利息，但其約定利率較高者，從其約定。（二三三條一項）

於此應加注意者，卽債權人所得請求之遲延利息，無論爲法定抑爲約定，均以由原本計算所生者爲限。若對於利息遲延給付者，卽不得再請求遲延利息。（二三三條二項）因複利爲法律上所禁止，在此亦應適用也。

債權人因遲延以支付金錢爲標的之給付者，除得請求遲延利息外，如能證

明尙有其他損害者並得請求損害賠償（二三三條三項）

判例

確定期限之債務，到期不償，債務人應負遲延之責，其不定期限之債務，經債權人催告者亦同。（六年上字八三九號）

債務人對於債權人有依債務本旨而爲淸償之義務，故債務人不於淸償期依債務本旨而爲合法之提出，則對於債權人應負遲延之責任。（三年上字九八八號）

金錢債務未定淸償期限者，債務人應於債權人催告時負淸償之責。如催告後尙不淸償，則應支付遲延利息以賠償債權人之損失。（五年上字四一八號）

遲延後之給付，於債權人無利益者，得拒絕其給付，並請求賠償因不履行所生之損害。（八年上字八七號）

定期金錢債務，雖經約明免算利息，然其所免者，當然爲定期以內之利息，苟逾

期不還，則債權人自仍可請求定期以後之遲延利息。（六年上字一〇三五號）

債務人負遲延責任時，對於債權人應賠償其損害，若其債務係金錢債務，則應依通行利率定損害額數，但約定利率逾通行利率者，則依約定利率計算。（三年上字九八八號）

凡無利息之債權債務，債務人祗於應任遲延之責後有支付遲延利息之義務，故債權人所得請求之遲延利息，祗能自請求履行之翌日起算。（四年上字二一九一號）

民法第四百十二條第三項所謂債務人自受履行之請求時起負遲延責任者，非謂受請求之即日應負遲延責任，乃謂由翌日起應負遲延責任也。（日本明治四十二年東京控訴院判例）

債務履行之催告，縱令於數額有不當之點，然在請求之範圍內，以所負債務爲限度，應生遲延之效力。（日本明治三十八年大審院判例）履行期限不定時，雖須催告債務人始負遲延責任，然其催告除法律有特別規定外，不必定相當之猶豫期間。（日本明治四十年大審院判例）債務人因債務之不履行而負遲延責任者，須於其不履行爲有過失，苟債務人於其不履行並無何等過失，則不負遲延責任。（日本大正七年東京地方裁判所判例）

因雙務契約而生之債務應同時履行時，雖定有履行期限，亦非因其期限到來，債務人卽負遲延責任。必相對人已爲給付之提出，自己之債務不履行時，始負遲延責任。（日本大正六年大審院判例）

第三款　受領遲延

債權人有受領給付之權利，而無受領給付之義務，故債權人對於債務人之給付，縱使遲不受領，亦非違反義務可比，不過法律上爲保護債務人之利益起見，規定於債權人受領遲延者，特別減輕債務人之責任，間接予債權人以不利益之制裁而已。

受領遲延之發生，由於債權人對於已提出之給付拒絕受領或不能受領。關於其拒絕或不能受領之原因，是否由於債權人之故意或過失，均可不問，但須有拒絕受領或不能受領之事實，則自債務人提出給付之時起，即使債權人負受領遲延之責任。（二三四條）惟債務人之提出給付，須依債之本旨適法實行提出，方生法律上之效力，否則債權人本得拒絕受領，自不生遲延之問題也。（二三五條）但債權人如於債務人未實行提出給付前，預先有拒絕受領之表示者，即可推知屆期即使實行提出給付，亦必遭債權人之拒絕，故此時債務人不必現實提出給付，祇須以準備給付之情事通知債權人以代提出，即生提出之效力。此外如債務人之給付兼需債權人之行為者，則其給付之標的，本非債務人所能單獨提出者，故此時債務人亦得以準備給付之情事通知債權人，以代提出，亦生提出之效

力。（二三五條但書）

債權人之受領給付，亦有須事先加以相當之準備者，如給付物爲牛馬，則債權人必先有牛棚與馬房之準備，法律上爲適應實際事件之需要起見，亦須付與債權人以相當受領給付之準備期間，不得貿然遽令債權人負遲延之責也。惟債之給付如有確定期間者，則其期間之到來，本爲債權人所預知，債權人自應早爲受領給付之準備，固無庸再予以準備之時間。故惟在給付無確定期限之債務，或債務人於淸償期前得爲履行之債務，債務人究在何時提出給付，既非債權人所能預知，倘債務人隨時提出給付而又不先爲相當之通知，則債權人因事先未有受領給付之準備，就一時不能受領之情事，對於債務人之給付不爲受領，法律上亦不應使負遲延責任。（二三六條）惟法文上明定爲「就一時不能受領之情事」如債權人故意拖延，歷久不爲受領，自應仍令負遲延責任，固不待言。又雖在未定期之給付，但如債務人之提出給付，係由於債權人之催告或債務人於未提出前已於相當期間預告債權人者，一經債務人提出給付，如債權人拒絕受領或不能受領，仍應依通常情形同一辦理，而使其自提出給付時起負擔受領遲延之責。（二三六條但書）因此時債務人之提出給付已爲債權人所預知，與上述情形有別也。

債權人受領遲延，則發生下列之效果：

（甲）在債權人遲延中，債務人僅就故意或重大過失負其責任。（二三七條）故在受領遲延中，因債務人之輕微過失致債權人受有損害者，債務人不負賠償之義務。

（乙）債權人遲延中，債務人無須支付利息。（二三八條）

（丙）債務人應返還由標的物所生之孳息或償還其價金者，在債權人遲延中以已收取之孳息爲限，負返還責任。（二三九條）故縱有應收取而未收取之孳息，不問是否出於債務人之故意或過失，均不負返還之責。

（丁）債權人遲延者，債務人得請求其賠償提出及保管給付物之必要費用。（二四〇條）因此項費用係由於債權人之遲延所生，自應由債權人任賠償之責也。

（戊）債務人有交付不動產之義務者，於債權人遲延後，得拋棄其占有。（二四一條一項）惟債務人於拋棄前，除不能通知者外，應預先通知債權人。（二四一條二項）

判例

債權人於已提出之給付拒絕領受或不能領受者，自有提出之時起，由債權人任遲延之責。（六年上字一一〇六號）

債務人提出給付時，須依債權本旨提出全部，始爲合法，否則債權人本有拒絕之權，雖不予收受，亦不負遲延責任。（五年上字一一〇六號）

債權人負遲延責任者，於遲延之後，如因不可抗力致債權標的物滅失毀損，固應由債權人負擔其損害。惟債務人必須依契約本旨完全提出給付，而債權人無故拒絕收受或不能收受時始負遲延之責。如債務人僅係空言提出或僅提出其一部，則債權人本有拒絕之權，雖不爲收受，亦不得謂爲遲延。（五年上字一一四六號）

債權人於債務人已經提出之給付拒絕領受或不能領受者，雖負遲延之責，但所謂遲延責任，不過減輕債務人之責任，並非債權人之債權因此消滅。（三年上字六二八號）

債權人遲延後，債務人若有重大過失致給付不能者，仍應負賠償之責。（八年上字九二七號）

在買賣關係，買主有受領標的物之權利，而不負受領標的物之義務，故買主就買賣之標的物拒絕受領，祇爲權利之不行使，雖應負受領遲延之責而不能認爲債務之不履行，賣主自不得以此爲理由解除買賣契約。（日本大審院判例在買賣契約，買主之受領標的物，爲其權利而非義務，故買主雖拒絕受領，賣主亦不得以此爲理由而請求損害賠償。（日本大阪控訴院判例）

第四節　保全

第一款　保全之意義

債權之保全，包括兩種權利，即代位權與廢罷權是也。此項權利，乃由債權上所產生之權利，非債權之本體，乃附隨於債權所生之從權利也。故保全權利之發生，以權利人享有主債權爲前提，主債權如消滅，則保全之權利即不能單獨存在。

債務人之總財產，爲債權人之共同擔保，債務人之財產增加，則債權之擔保雄厚。反之，如債務人之財產減少，則債權之擔保薄弱，故債務人財產之增加與減縮，與債權人之權利有密切之關係，如果債務人對於自己正當之權利怠於行使，致其財產消極的減縮，或爲積極的減少其財產之行爲，致債權之擔保轉爲薄弱者，則債權人爲保全其權利起見，對於債務人消極的怠於行使其權利者，則可代爲行使之，對於債務人積極的爲減少其財產之行爲者，則可聲請法院撤銷之，斯二者，均爲保全債權而設，故曰債權之保全。

第二款　代位權

第一項　代位權之意義

代位權者，乃因債務人怠於行使其權利致影響於債權人之利益，債權人爲保全其債權起見，得以自己名義行使債務人權利之權也。（二四二條）代位權之行使，係以自己之名義而爲之，故與代理權有別。又代位權爲實體法上之權利，非訴訟法上之訴權，雖其權利之行使，往往藉訴訟爲手段，但其權利之本質，仍爲民法上之私權，並非因此變爲訴訟法上之公權也。學者間有沿用舊習多以間接訴權或代位訴權稱之者，實易引起初學者之誤會，不如簡稱代位權之爲當也。

判例

債權人行使債務人之權利，非爲債務人之利益，乃爲保全其自己之債權，故此時債權人之資格，非債務人之代理人，應認其自己固有之資格，（明治三十九年日本東京地方裁判所判例）

第二項　行使代位權之要件

（一）須債務人怠於行使其權利。

債權人所以欲代債務人行使其權利者，原以債務人自己怠於行使其權利爲前提，如債務人對於自己之權利並未怠於行使，縱令其行使方法不當，債權人亦不得代之爲行使，此固理論上當然之結果。

債務人雖有怠於行使其權利之事實，然債權人亦非對於債務人之任何權利均得行使之，如其權利專屬於債務人之一身者，縱令行使之結果，能使債務人之總財產間接加增，法律上亦不許債權人代爲行使。（二四二條）如婚姻撤銷權離婚請求權，雖其行使之結果，亦可使債務人之負擔減輕，消極的增加債務人之財產，但此種權利之性質，本係專屬於債務人之一身，行使與否，一以債務人本人之意思如何以爲斷，他人不得强爲干涉也。

（二）須爲保全債權所必要。

債權人行使代位權之目的，原在保全其債權上之利益，故債務人雖有怠於行使其權利之事實，但若債權人之債權，根本上並不因此致日後有不能受淸償之虞者，卽非爲保全債權所必要，債權人自不得任意干涉債務人之自由。必也，債務人之怠於行使其權利，致債權人之債權有難於受淸償之虞之程度，而後方有行使代位權之必要。我民法於此雖未設有明文，然代位權行使之目的，旣爲保全債權而設，則解釋上固應若是也。

所謂爲保全債權所必要，是否以債務人貧無資力爲要件，學說上尙不一致。惟依吾人所信，則凡遇特定債權，因債務人之怠於行使其權利致有難於直接履行之虞者雖在債務人富有資力時，亦應認爲有保全之必要，而許債權人得行使代位權，故不應以債務人貧無資力爲要件。因如此亦不致累及第三人之利益，且於債權之性質並無違反也。

（三）須在債務人負遲延責任時。

債權人之權利，在未屆清償期以前本尚未能行使，且將來債務人是否無給付資力，亦尚難預料，故非在債務人負遲延責任時，債權人不得行使代位權。（二四三條）惟專屬於保全債務人之權利之行使，不在此限。（二四三條但書）因此於債務人有利而無損，雖在債務人未負遲延責任前，仍無不許代位行使之理。如消滅時效將完成時，債權人代爲中斷時效之行爲是也。

判例

債權人於其債權有不能受清償之虞時，爲保全自己權利起見，得行使屬於債務人之權利。（五年上字五三七號）

第三項　行使代位權之效果

行使代位權之客體，既係債務人自己之權利，則因行使所得之利益，自應仍歸於債務人而作爲總債權之共同擔保，行使代位權人不得主張獨占其利益或其他優先權，此固理論上當然之結果也。惟行使代位權人因保存債務人財產所出之費用，若係有益於債權人之全部或一部者，（共益費用）對於受利益之債權人，得主張優先受償，斯應注意者。

依民法二百四十二條所定，債權人之行使代位權，係以自己之名義而爲之，固與代理人之以本人名義而爲之行爲有別。因行使代位權所生之訴訟，其裁判直接對行使人生效，於債務人無關，因行使代位權人非債務人之代理也。

行使代位權時，對債務人負擔義務之第三債務人，其地位與權利，並不因此有所變更。故凡該第三債務人得以對抗債務人之事由，均得以之對抗行使代位權人，此亦代位權性質上當然之結果，無待明文規定者。

行使代位權人，性質上雖非債務人之代理人，但其代位行使之權利，原係債務人所有，其權利之主體，仍爲債務人而非代位權人，故債權人行使代位權時，祇能請求第三債務人對債務人履行其給付，不得請求向自己爲給付，此一般學者之主張所同也。但有採反對主張者，以爲領受給付，原係行使債務人之權利範圍內之事，而爲其一部，行使代位權人，既能代債務人行使其權利，自得領受第三債務人之給付，若謂代位權人僅能行使其權利而不能領受其權利之淸償，不但於理論上爲不可通，且果如此辦理，則債務人必多任意不爲受領，其結果仍不能使債權人得實際上之利益，卽與立法之本旨不合也。故行使代位權人對於因行使代位權所得之利益，雖不得主張獨占或有所優先，但使對於第三債務人之給付得爲領受，要無不可。此反對說之主張也。依理論言，此說誠有充分之理由，但據一般學者之見解，仍以主前說者占多數。

債務人對於債權人行使代位權之後，能否再處分其權利，學說上之主張亦不一致。有謂債務人爲權利之主體，代位權人不過間接代其爲行使，而其權利之主體，仍屬於債務人，不因代位權之行使而有所變更，債務人自無不得處分其權利之理。有謂債務人於債權人行使代位權後，如仍得自由加以處分，卽不能達債權人保全債權之目的，且與立法之本旨相違也。故法律上於此等地方，應予以特別之限制，否則一方許債權人得行使債務人之權利，一方仍許債務人得自由處分，其結果債權人之代位權，必因債務人之自由處分致等於虛設，卽與立法之精神不能貫澈也。故依理論言，雖以前說爲優，但自實際論，應以後說爲當。

判例

因保存債務人財產所生之費用，若係有益於各債權人之全部或一部者，（共益費用）對於受益之債權人，得主張優先淸償。（九年上字七二六號）

債權人於民法第四百二十三條一項情形，得間接行使屬於債務人之訴權，其訴追結果，雖有由第三債務人取立債務之權利，而對於自己債權，尙非可直接

請求清償。（日本明治三十六年大審院判例）

債權人爲保全其債權，雖得以自己名義行使債務人之權利，而債務人權利主體之資格，並不喪失。故權利行使之結果，直接歸屬於權利主體，爲當然之事。此在屬於債務人之金錢債權，債權人祇得向第三債務人要求其對於債務人給付，而不得要求其直接向自己給付。（日本大正四年宮崎地方裁判所判例）

第三款　廢罷權

第一項　廢罷權之意義

債權人爲保全其債權起見，對於債務人消極不行使其權利時，已有代位權足以救其弊，而於債務人積極的爲減損其財産之行爲時，亦不得不另謀救濟之道，所謂廢罷權者，卽應此需要而生之規定也。

廢罷權之性質如何？學說上有債權說與物權說之不同。主債權說者，謂廢罷權爲對於特定人卽因債務人之行爲而取得利益之受益人直接請求其返還財産之權利，其性質爲債權的請求權。主物權說者，謂廢罷權爲撤銷債務人之行爲使其歸於無效之權利，其性質爲形成權。依吾人所信，應以物權說爲當。誠以受益人之享受利益，係由於債務人之行爲而得，非先撤銷債務人之行爲，卽無從對受益人主張返還財產之請求權也。蓋受益人因債務人之處分行爲而享受利益，本有其法律上正當之原因，債權人自無直接對受益人請求返還其受益之權。故廢罷權之行使，祇能以債務人之處分行爲有害及債權上之利益爲理由，而先撤銷其行爲，使其歸於無效，然後再對受益人主張將其由債務人之行爲所得之利益請求返還。故返還財產之請求，僅爲廢罷權行使以後之效果，非廢罷權之本體，此不可不辨也。

廢罷權亦名撤銷訴權，然此乃實體法上之權利，雖其行使之方法，必須向法院以聲請爲之，（二四四條一項二項）但其權利之本質，仍爲民法上之私權，而非訴訟法上之公權，故以訴權稱之，實易引起初學者之誤會。至廢罷權之名稱，雖不若撤銷兩字之明顯，但不致引起初學者之誤會，故本書採之。

第二項　行使廢罷權之要件

（一）行使廢罷權之客體，須爲債務人之行爲。

行使代位權之原因，係由於債務人消極不行使其權利。行使廢罷權之原因，係由於債務人積極的爲減損其財產之行爲。故行使代位權之客體爲債務人之權利。而行使廢罷權之客體，則爲債務人處分其財產之行爲。因其行爲有損於債權人之利益，故債權人爲保全其債權起見，得行使廢罷權使其行爲歸於無效。

（二）債務人之行爲，限於以財產爲標的者，方得廢罷之。（二四四條三項）

法律上所以賦於債權人以廢罷權者，原以債務人之行爲有損於債權上之利益也。若債務人所爲之行爲，並非以財產爲標的，則根本上即與債權人無利害關係，自無允許債權人任意干涉之理。

法文上所謂以財產爲標的之行爲，須其行爲直接影響於財產者，方足當之。否則，縱使事實上間接有損於債務人之財產，債權人亦不得請求撤銷之。例如債務人爲娶妻納妾之行爲，雖其結果足以增加債務人之負擔，間接減少債務人之財產，但其行爲之內容非以財產爲標的，故債權人不得對之行使廢罷權。

（三）須債務人之行爲有害及債權者。（二四四條一項）

債權人之主張廢罷權，須其債權因債務人之行爲致不能爲淸償或淸償困難者方得爲之，此固毫無疑義。惟法文所謂害及債權之意義，須在一般債權因債務人之行爲致無資力不能淸償或淸償困難者，方足當之。故行使廢罷權時，應以債務人因其行爲致貧無資力爲要件。否則，雖在特定債權之直接履行，因債務人之行爲致於給付不能或困難，亦不妨變爲損害賠償請求權，非至債務人貧無資力時，不得行使廢罷權。關於此學說上雖亦有反對之主張，然廢罷權之行使，原以維持共同擔保爲目的，且其結果多有損於第三人之利益，與行使代位權之結果不同。故行使時不得不嚴予限制也。

（四）得爲撤銷之行爲，除無償者外，須債務人與受益人有惡意。債務人所爲之行爲，如係無償行爲，祗須其行爲有害及債權，卽得行使廢罷權以撤銷之。（二四四條一項）如係有償之行爲，須在債務人於行爲時明知有損於債權人之權利，而受益人於受益時亦明知其情事者，債權人方得撤銷之。（二四四條二項）法文上所以如此限定者，蓋不欲專爲保護債權人之利益，而使善意第三人受意外之損失也。

判例

債權人主張撤銷訴權，其要件有二：（甲）須債權人因債務人之行爲實受損害，（乙）債務人及第三人於行爲當時知有損害債權人之事實。（六年上字六三二號）

債權法上之撤銷訴權，並不以債務人業經破產爲要件。凡債務人之行爲，係出

於詐害債權人而受益人又係通謀或知情者，雖該債務人爲此行爲之時並未陷於破產狀態，亦得爲撤銷之原因。（七年上字六四九號）

第三項　行使廢罷權之效果

行使廢罷權之結果，被撤銷之債務人之行爲，視爲自始無效，而因其行爲所喪失之財產，依然返還於債務人，而歸於總債權人之共同擔保，行使廢罷權之債權人，不得獨占其利益。因廢罷權之行使，係以維持共同擔保爲目的，非爲滿足行使廢罷權之個人利益而設。故行使廢罷權之債權人，若欲就該財產得自己債權之滿足，非更依强制執行一般之方法另爲聲請不可。

判例

撤銷訴權之效力，在回復行爲以前之原狀，使債務人已失之財產歸於債務人，而不得即歸於行使撤銷訴權之人，故受撤銷判決之利益者，實爲總債權人。（四年上字七四二號）

第四項　廢罷權之消滅

廢罷權如久不消滅，則債務人之行爲之效力，永不確定，受益人之權利，卽常處於不確定之狀態中，殊與社會秩序現狀有礙。故法律上對於廢罷權之行使期間，應予以一定之限制，使其過此期間，其權利卽行消滅。

關於廢罷權之行使期間，在舊民法草案定爲自債權人知有撤銷之原因時起，逾二年不行使而消滅，自行爲時起逾二十年者亦同。（第一次舊民法草案四〇二條二項）現行民法因嫌其太長，故將其期間縮短一半，定明自債權人知有撤銷原因時，一年間不行使，或自行爲時起，經過十年而消滅。（二四五條）

民法上關於期間之規定，有時效期間及預定期間之別。時效期間，得因中斷及停止等原因而伸長，且因時效所生之利益，須當事人自爲主張，否則法院不得代爲援用。至預定期間，卽學者所稱除斥期間，爲法律上所定行使權利之固定期間，不因其他事由而延長，一經過期，不必當事人主張，其權利絕不能再爲行使。故兩者之效果，顯然有別。凡法文上明定因若干年不行使而消滅者，多爲時效期間，否則爲預定期間。在日德等國立法例，對於時效期間，均明示於條文中，以防疑義。爲現行民法所不取，且其用語亦均云自某時起若干時間不行使而消滅，故現行民法所定期間，究爲時效期間抑爲預定期間，毫無辨別之標準，實易引起學者之紛爭。惟民法第二百四十五條所定之期間，爲廢罷權之行使期間，而民法總則中關於消滅時效之內容，僅就請求權設有規定，關於廢罷權之行使期間，即不屬於消滅時效所規定之範圍，則廢罷權之行使期間，應即認爲時效期間以外之預定期間，固已顯無可疑。且依民法總則施行法第十七條所定，關於民法總則第七十四條第二項第九十條第九十三條之廢罷權，僅云準用前條關於消滅時效之規定，則廢罷權之行使期間，本質上並非時效期間，而爲預定期間，細玩準用兩字之意義，當益可瞭然也。

第五節　契約

第一款　契約之種類

現行民法債編，在債之效力一節中除規定給付遲延及保全外，又仿最新立法例將由契約所生之效力另爲一款，同隸於債之效力內，其當否純屬立法上之問題。惟據個人所見，以爲違約金之性質，純係關於賠償範圍之特約，應以列入於債之標的中之損害賠償之條文內爲當；關於受有定金之契約，應否推定其爲成立之規定，（二四八條）其性質既關於契約之成立或不成立，亦以列入於債之發生中之契約內爲宜。因債之效力云者，乃規定債之關係發生後應發生如何效力之謂，其效力之發生，原以已經發生之債之關係爲前提，故不應將契約成立與否之規定一同羼入也。

因契約所生之債，其效力如何，因契約之種類而有不同。關於契約之種類，得依各種標準分爲左列各種：

（一）物權契約與債權契約。

債權契約以發生特定人間之義務爲標的，物權契約則以發生物權上之變動爲標的。例如出賣田宅之契約，係以直接移轉其財產之所有權爲標的，並無履行之義務存於其間，故爲物權契約。若爲買賣田宅之預約，則僅使當事人間發生締結正式買賣契約之義務，非直接以發生物權上之變動爲標的，故爲債權契約而非物權契約。

（二）有償契約與無償契約。

契約當事人因契約互爲一定之報償而各失其利益之一部者，爲有償契約，如買賣契約，買主交付價金爲取得物品之報償；賣主給付物品，爲取得價金之報償，卽爲有償契約之一種。無償契約，祇有一造當事人負擔一定出損之義務，相對人不必爲如何之報償，如贈與是已。

所謂有償須其性質上有對價的關係，否則縱使對方亦負有幾許之義務，亦不得謂爲有償契約。如附負擔之贈與，在受贈人方面雖亦負有一定之義務，然其義務並非所受利益之報償，卽兩者之間並無對價的關係，故非有償契約。所謂對價之報償，不必雙方所負之義務平衡無差，祇須其報償有對價的性質，則雖兩方所負義務顯失權衡，亦仍不失爲有償契約。故買賣標的物與價金不相對稱而顯失權衡者，仍爲有償契約。

（三）諾成契約與要物契約。

祇須當事人有此然諾而其契約卽行成立者，謂之諾成契約通常契約多屬之。要物契約之成立，不但須當事人間意思表示之合致，並須以物之交付爲要件，而其契約方行成立，學者亦名踐成契約。例如消費契約之成立，以標的物之交付爲要件；（四六五條）寄託之契約，以交付寄託物爲要件（五八九條一項）之類是也。

近代立法上之趨勢及一般學者間之主張，均有逐漸廢除要物契約之傾向，日本法學家石坂氏並著有要物契約否定論可見學說趨勢之一斑。

（四）要式契約與不要式契約。

契約須依一定方式以爲表示方能認爲成立者，謂之要式契約。如終身定期金契約，應以訂立書據爲要件，卽要式契約之一例也。不要式契約之成立，不必以何種方式爲表示，通常契約均屬之。

（五）雙務契約與單務契約。

因契約關係之發生，而使當事人雙方互負給付義務者，爲雙務契約。如買賣契約，賣主負有交付標的物之義務，買主負有給付價金之義務，卽雙務契約之一種也。契約之效果，僅使當事人一方負擔給付義務者。爲單務契約，亦稱片務契約，如贈與卽其例也。

（六）實定契約與射倖契約。

契約當事人因契約所生之利益或損失，性質上自始卽確定者，爲實定契約。如其損益在性質上並不確定，而因偶然之事故以變動者，謂之射倖契約。如保險契約是也。

學者間有反對射倖契約者，其理由以爲射倖契約，性質上近於賭博，法律上不應認之爲有效者。不知法律上所以認許射倖契約之理由，實以此種契約於單純賭賽損益而外，必更於人生社會上有必要之目的，而後法律上方認許之。如保險契約及終身定期金之類即是固非承認單純之賭博爲有法律上之效力也。

契約之種類中有其性質上恆爲射倖者，保險契約其最著者也。有依當事人之意思而成爲射倖者，例如向農夫預購某地出產棉花若干畝之買賣契約即是，學者間所謂希望買賣者是也。

（七）有因契約與無因契約。

法律行爲有有因行爲與無因行爲之別，契約亦然。

通常因法律行爲所生之結果，恆有以財產供給於他人者，然其供給財產與他人之原因，必有其一定之目的，此種目的。即爲其爲法律行爲之原因而其原因如係法律行爲之成立要件者，卽爲有因行爲，否則爲無因行爲。契約之成立，亦係法律行爲之一種，故契約亦有有因契約與無因契約之分。通常債權契約，多爲有因契約，如於原因無涉，單純負擔債務者，爲無因契約。如債務承諾是已。

（八）主契約與從契約。

主契約者，卽其契約可以單獨成立，不以他項法律關係之存在爲要件之契約也。至從契約，乃附隨於他項法律關係而成立之契約。如保證契約，卽以其所保證之法律關係之存在爲前提，而其命運，卽隨其所保證之法律關係之存亡以爲斷，此其特點也。

（九）有名契約與無名契約。

有名契約，乃法律上有特別名稱，並有特別規定之契約，亦稱模範契約如債編分則中所定各種契約是也。法律上未設規定亦無名稱之契約，謂之無名契約。有名契約之要素及其效力等等，應依法律上之所規定，無名契約，在法律上既無特別規定，應準用與其類似之規定或契約之共通規定辦理之。

此外學者間尙有所謂混合契約之名稱，卽兩種以上之契約相混合之謂。例如甲有價値萬元之房屋，因與乙友善，卽以五千元之價額賣與乙，是卽於買賣契約之中，又含有贈與契約之成分在內也。

通常因契約而享受利益者，必限於訂立契約之當事人，第三人不得因他人間之契約而直接享受如何之利益，此一般契約之所同也。惟亦有當事人間不享受其利益，而以直接利於契約以外之第三人爲目的者，此種契約，事實上亦往往有之，卽學者間所謂利他契約者是也。在往昔羅馬法時代，採用極端利己主義，凡事於己無利者，卽非法律所保護，故不認利他契約之效力。降及近世，契約自由之說，因以盛行，而極端利己主義，又不能保持其原有之地位，故利他契約早已爲法律所認許。我民法第二百六十九條第二百七十條即係對於利他契約之特別規定也。

判例

有射倖性質之契約，非法律特予禁止，亦非無效。（七年上字六八三號）

無名契約在法律上無可直接適用之特別規定，故其解除之效力如何，勢必依民法總則判定之。（日本大正四年東京地方裁判所判例）

射倖性質之契約，非法規特予禁止，不得謂爲當然無效。（日本明治三十八年大審院判例）

第二款　給付不能

給付不能，有自始不能與後發不能及主觀不能與客觀不能之分，本款所謂給付不能，專指自始的及客觀的不能而言。因此種不能所生之效果，可分爲兩點說明之：

(一)因給付不能及於契約本身之效果。

爲債之標的之給付，須屬可能，否則卽不具備給付標的之要件，前於論給付時已言及之。契約之給付標的，亦同須以可能之給付爲前提。故自始卽以不能之給付爲契約之標的者，其契約爲無效。(二四六條一項)

以不能之給付爲標的之契約，在原則上其契約固不能發生效力，但其不能之情形可以除去，而當事人訂約當時，並預期於不能之情形除去後爲給付者，其契約爲有效。(二四六條一項但書)如在河冰堅凍港口封鎖時，與輪船公司訂結運送之契約，則其給付，在事實上係不可能，但其不能並非不可除去，而當事人在立約當時，如並有希望於不能之情形除去後爲給付者，則其契約之標的，並非永久絕對無履行之可能，法律上自不妨認許其有效，庶不背於當事人之本意，且於實際較便也。惟適用時，須具備兩要件．(一)須其不能之情形可以除去者，(二)須當事人有預期不能之情形除去後爲給付之意思者。

附有停止條件或始期之契約，如於條件成就或期限屆至前，其不能之情形已經除去者，其契約爲有效。（二四六條二項）因附停止條件之契約，依法律行爲之規定，其發生效力之時期，須在條件成就之時。（九十九條一項）若其給付不能之情形，在停止條件成就前已經除去者，卽與通常以可能給付爲標的之契約並無二致，自不妨承認其契約爲有效也。至附始期之契約，依民法總則所定，其發生效力之時期，亦始於其期限屆至時。（一〇二條一項）故於期限屆至前其給付不能之情形已經除去者，亦應承認其有效，庶於實際上較便也。

（二）因給付不能所生之損害賠償，

以不能給付爲標的之契約，在原則上其契約爲無效，本無發生損害賠償之理由。因損害賠償請求權之成立，原以有效成立之債之關係爲前提也。惟當事人之一方，於立約當時明知其給付爲不可能或依其情事可得而知者，則對於他方於非因過失而信契約爲有效致受損害之當事人，應負賠償責任，（二四七條一項）庶足以保護善意無過失之他造當事人。惟此所謂賠償，究與有效契約之履行遲延或給付不能所生之損害賠償不同，負擔賠償之義務人，祇賠償他方因信契約有效所受之損害，致因契約履行所可獲得之利益，卽不在義務人應賠償之範圍。例如甲與乙訂結出賣其所有特定名馬之契約，在甲於訂約時明知其馬已死，而仍與乙訂約。在乙則因信其契約有效，（並須無過失）因而招聘工匠，建築馬房，並請名師預備日後訓練時，則甲對乙因建築馬房聘請名師所費之損失，應負賠償之義務。至乙因得名馬後所可獲得之利益，卽不得請求甲爲賠償。

適用上開規定時，應注意下列諸點：（一）須在賠償義務人一方，於訂約時明知其給付不能或可得而知者，（二）他方因信其契約爲有效而受有損害，（三）他方信其契約爲有效須非出於過失者，（四）賠償義務人應負之賠償，限於他方因信契約爲有效所生之損害。故如契約標的之給付不能，爲雙方當事人所明知，或雙方均不知，或雖僅受損害之一方不知情，而其不知係出於過失者，不適用之。

爲契約標的之給付，如祇一部不能，而其契約就其他部分仍爲有效者。關於其不能部分所生之損害，應準用上開規定辦理。選擇給付之數宗給付中，有一宗給付不能者，其辦法亦同。（二四七條二項）

判例

契約標的之給付，如係客觀的絕對不可能，其約固屬無效。惟以較短之時期使債務人交付不特定物之債務，則決非不可能之事，自難以此否認其效力。（六年上字一〇七五號）

契約成立，以行爲適法爲要件，如以不法行爲爲目的而歸結契約者，法律上當然認爲無效，則由此契約所發生之權利義務，亦自不能成立。（三年上字七五三號）

第三款　定金

訂立契約時，由一方交付定金，一方收受定金，爲事實上所常有。惟定金之作用如何？事實上頗不一致。有以定金爲違約之擔保，收受人於交付人違背契約上之義務時，得沒收其定金者，謂之違約定金。有以定金爲契約成立之要件，必須交付定金後方能認其契約成立者，謂之成約定金。有以授受定金爲證明契約成立之證據者，謂之證約定金。有以定金爲保留契約解除權之對價者，卽付定金之當事人，得拋棄其定金而解除契約，收受定金人，得加倍返還其所受定金以解除契約，謂之解約定金。（見洪文瀾著債編講義七〇頁）當事人交付定金之目的，究在何種作用，如遇有爭執時，則法律上不可不定一通常適用之標準。我民法明定訂約當事人之一方，由他方受有定金時，其契約視爲成立。（二四八條）卽認定金爲證明契約成立之作用者也。惟法文僅云視爲成立，於實際事件未必一一符合，如當事人能提出反證，證明雖授受定金，而其契約仍未成立，或證明在未交付定金前，其契約已經成立，或證明其定金係作爲某特種之作用者，卽不得仍視爲證明契約成立之用，因此非强行法規也。

雙方授受定金後，如當事人間約明別有處置辦法者，應卽依其約定，否則，應依下列之規定：（二四九條）

（一）契約履行時，定金應返還或作爲給付之一部。

定金之作用，法律上旣視爲契約成立之證明，則契約旣經履行，定金之目的已不存在，收受人自應返還於交付人。如契約之標的可以定金爲給付者，則定金卽可作爲給付之一部，不必再經返還之手續也。

（二）契約因可歸責於付定金當事人之事由致不能履行者，定金不得請求返還。

履行不能，旣係出於交付定金人應負責之事由，法律上應予以相當之制裁，沒收定金，亦卽制裁之一也。

（三）契約因可歸責於收受定金人之事由致不能履行者收受人應加倍返還其所受之定金。

法律上所以如此規定者，亦係對於收受人應負責之事由所加之制裁也。

（四）契約因不可歸責於雙方當事人之事由致不能履行時，定金應返還之。契約之履行不能，既非由於雙方當事人之事由所致，則交付人不得無故受損失，而收受人亦無沒收定金之權利，故仍應返還於原主。

判例

定銀之授受，非一般買賣契約所必要不可缺之行爲，不過於締結契約時，得爲附隨條件。（三年上字九七號）

第四款、違約金

契約之當事人得約定於債務人不履行債務時，應支付違約金。（二五〇條一項）所謂違約金者，乃當事人預以契約定明於債務人不履行債務時，所應支付之金額也。故違約金之作用，實爲債務不履行時應負損害賠償額之預約。此項預約，原則上應以金錢定其額數，觀之違約金之名稱而可知也。當事人如訂明違約時應爲金錢以外之給付者，則其與違約金之區別，不過爲給付物之不同，而其性質與作用原無二致，故凡關於違約金之規定，於金錢以外之給付，亦準用之。（二五三條）

關於違約金之數額，既經當事人約定以後，法院能否加以增減，學說上頗不一致。有主張祇許減少不能增加者，有主張可增可減者，亦有主張絕對應依當事人之約定法院不應加以干涉者。從理論上言，當事人既經約定應賠償之數額，自應尊重當事人之本意，若仍許法院任意增減，根本上已失去當事人約定違約金之本意，我國前舊民法草案卽爲貫澈此種理論起見，明定審判衙門不得增減。於學理上固應若斯。現行民法則爲保護債務人之利益，且爲公平起見，對於約定金額過多時，法院得減至相當之數額。（二五二條）而於約定金額太少者，則無得加至相當程度之明文，因係採用祇許減少說者也。

違約金之訂定，依其約定目的之不同，得分為左列二種：

（一）因債務不履行時所應支付之違約金。

違約金之訂定，在原則上本係債務不履行時所應支付之賠償額。故當事人苟有違約金之約定者，除有特別訂定外，則法律上視為因不履行債務而生之損害賠償總額。（二五〇條二項）故債權人對於違約金及債務履行之二者中，祇得擇一為請求，不能於請求違約金外，再請求債務人履行債務，因違約金之發生原以債務不履行為前提也。

違約金既為債務不履行時所應負擔之賠償總數額，若在債務人已為一部之履行時，則債權人當然不能請求全部不履行時之賠償總額，此固理所當然。在舊民法草案定明債權人祇能於返還其所受領之一部給付後，始得請求違約金，為現行民法所不採。現行民法則規定法院得比照債權人因一部履行所受之利益，減少違約金。（二五一條）依此，事實上可省去返還之手續，而其結果則仍無不同。

（二）因履行不適當時所應支付之違約金。在原則上，違約金係因債務人不履行債務時所應支付之金額，但如當事人間特別約定，如債務人不於適當時期或不依適當方法履行債務時，卽須支付違約金者，則其約定違約金之作用，僅爲履行時期及履行方法不適當時所應支付之賠償額，非爲債務不履行之損害賠償。故此時債權人於債務已履行者，得以履行不適當爲理由請求違約金。如債務尚未履行者，除請求違約金外，並得請求履行或不履行所生之損害賠償，（二五〇條二項但書）卽兩者可合併請求。

判例

損害賠償之額，當事人雖可事前約定，然其約定額數，如與實際損失顯然懸隔

太甚者，審判衙門仍得以實際所受損失爲標準，酌予減少。（四年上字八八號）

違約金，本爲損害賠償之預約，與無償贈與之全然出於恩惠者，顯然不同。如於其額數毫無限制，則債務人常不免因一時之不便，而爲債權人所挾持，實足以敗良俗而長刁風。故當事人所約定之違約金，如較實際所受損害顯然超過者，審判衙門自得就當事人之請求酌予核減，惟不得因定有多額之違約金，遂指其契約之全部爲無效。（六年上字一〇七五號）

締約當事人間曾有約定違約金者，祇應本於該約定之效力請求支付違約金，而不能更爲損害賠償之請求。蓋以約定之違約金，即爲塡補損失之計，性質上不容與損害賠償之請求同時並存故也。（六年上字一一二三〇號）

違約金，推定爲損害賠償之預定，當事人所定違約金與實際所受損害相去懸殊時，審判衙門得酌量核減，業經本院著有先例。就此義推闡，苟當事人一造因他造之違約自己毫無損害，則原約雖定有違約金，而爲尊重當事人立約之眞意，要不准許毫無損害之當事人更向他造爲違約金履行之請求。（十二年上字一五二二號）

第五款　契約之解除

第一項　解除權之發生

契約之解除者，乃有解除權之一方向他方爲意思表示，使已成立之契約，溯及既往而歸於消滅之謂也。

契約一經合法訂立，則雙方應即受其拘束，任何方面，不得隨意解除之。惟當事人間如預以特約訂明於一定情形下則付與當事人之一方以解除權者，其特約當然有效。除當事人預有特約訂定外，法律上規定得行使解除權之情形如左：

（一）給付遲延。

契約當事人之一方遲延給付者，他方當事人得定相當之期限催告其履行，如

於期限內不履行時，得解除其契約。（二五四條）

依契約之性質或當事人之意思表示，非於一定期限內爲給付，不能達其契約之目的，而契約當事人之一方不按照時期爲給付者，他方當事人得不爲前條之催告解除其契約。（二五五條）

按給付遲延之結果，債權人得請求强制執行或依第二百三十一條第二百三十二條，分別請求損害賠償，是法律上對於債權之保護，已極周密，而於此又復規定債權人得行使解除權者，則因請求履行或主張賠償損害，行使時，手續麻煩，費時久而生效遲，不若行使解除權之省便迅速也。惟債權人取得解除權之要件，除須債務人有遲延給付之事實外，在通常給付，尙須經過催告之手續，並須債務人於催告後復不於其所定相當期限內履行給付者，債權人方得行使解除權，以消滅其契約。所謂相當期間，應依契約之性質，債務人住所，履行地之距離，及其間交通等情形定之。至定期給付，祇須債務人不於一定時期爲給付，無容更行催告，卽得逕行解除契約。因定期給付，一經遲延，卽不能達其契約之目的，故祇須債務人一有遲延給付之事實，債權人卽得逕行解除契約也。契約之性質，有非於一定時期爲給付，卽不能達其契約之目的者，例如約定燈彩舖於元旦日紮燈裝彩，卽非於該元旦日履行給付，決不能達到其原來之目的。一經過期，卽不能再爲履行之類是也。亦有在其性質上並非絕對爲定期給付，但當事人間特別約明，非於其所定時期內爲給付，嗣後卽不願受領者，亦爲定期給付之一種。例如運送貨品之契約，當事人定明非於一定時期履行給付，過期後，卽不願受領者是也。

（二）給付不能。

給付不能，如非由於債務人應負責之事由所致者，則債務人免除給付義務，（二二五條一項）在此情形之下，債務人旣已依法律規定免除其給付義務，自無庸債權人更行使解除權。故債權人因給付不能而享有解除權者，須在其不

能之原因，由於應歸責於債務人之事由所致者爲限。（二五六條二二六條一項）

給付全部不能時，債權人當然得解除契約，卽在一部給付不能，而其餘可能部分之給付，於債權人無利益者，債權人亦可拒絕該部分之給付，而解除全部之契約。（二五六條二二六條二項）

判例

當事人締結之契約，一經合法成立，其私法上之權利義務，卽當受契約之拘束。故非相對人之同意或一方違背契約不履行其義務，則一造斷不能無故以單獨意思解除契約。（三年上字四九九號）

契約當事人之一人或數人有違背之行爲者，如結約之當時無特別之意思表示，則相對人祇能請求强制其履行或請求賠償由該行爲所生之損害，要不得以此藉口，卽行全部解約。（四年上字二四五二號）

依雙務契約之法則，一造所負擔之給付有遲延時，相對人亦當定相當期限催告其給付，必其仍不於期內給付，始得聲明解約。（五年上字一一八七號）契約之解除，所以使契約之效力消滅者也。（日本明治四十四年大審院判例）

雙務契約一造，因他一造義務違反欲解約時，自己亦須不違反義務，否則雖他一造違反義務，亦不能行使解除權。（日本明治三十八年東京控訴院判例）

民法五四一條所謂相當期間云者，凡債務人足爲履行準備之猶豫期間及其履行之期間，均包含在內，其期間之是否相當，應參酌債務之性質，債務人住所與債務履行地之距離，其間之交通機關狀態及其他一般經濟狀態等事，就各個情形予以判定，不能一律論斷。（日本大正四年東京地方裁判所判例）

違約人對於不違約之相對人，無解除之權利。（日本明治三十七年大審院判例）

第二項　解除權之行使

解除權一經合法行使，則當事人間原有之契約關係，卽行消滅，當事人不得使已經解除之契約歸於復活，故解除契約之意思表示，不得撤回。（二五八條三項）至行使解除權之方法，不以具備何種方式爲要件，故祇須以解除契約之意思向他方表示之，（二五八條一項）此種意思表示，一經達到他方，卽生效力，因無須得他方之同意也。契約當事人之一方有數人者，則爲解除契約之意思表示時，應由其全體或對其全體爲之。（二五八條二項）故在他方爲多數人時，如僅向一部人爲表示，或在解除權之一造有數人者，而僅由一部人向他方表示時，不能發生效力。

判例

契約之解除，如無特別法規或習慣，自應不拘方式。故買賣契約之解除，如無特別法規或習慣，不以退回交單爲必要方式。（八年上字一〇四二號）

當事人之一造，依契約有解除權者，其行使解除權時，應向相對人以意思表示爲之。（四年上字二〇二〇號）

當事人雖可變更或解除既成之契約，但不得使一旦解除之契約復活，視爲從始未經解除。（日本明治三十七年大審院判例）

契約雖因條件之成就，發生解除權，然非向相對人爲解除之意思表示，仍不生解除之效力。（日本明治三十五年東京地方裁判所判例）

契約之解除，僅有意思表示，卽爲已足，毋庸以訴爲之。故裁判上諭知契約解除之承諾者，實爲失當。（日本明治三十四年大審院判例）

契約解除之意思表示，其方法法律上並無一定方式，無論用何種方式，皆得爲之。故與起訴同時依訴狀爲意思表示者，則訴狀送達於相對人時，其意思表示亦已到達，卽生解除之效力。（日本明治三十六年大審院判例）

契約解除之意思表示，須相對人受領之，故其意思表示，苟不向相對人爲之者，

則相對人雖得知之而對於相對人亦不生效果。（日本大正四年大審院判例）

第三項　解除之效果

行使解除權之結果，不僅向將來生效，且溯及當初發生效力。故契約一經解除，卽與自始未立契約同。因此雙方在立約後，未解除前因契約關係所受領他方之給付，在契約解除後，雙方互負回復原狀之義務。惟於此應加討論者，卽因履行契約而爲物權之移轉時，經解除契約之後，其物權是否當然回復於原主，亦尙須更爲移轉該物權之行爲。關於本問題，在學者間之主張，尙不一致。有謂契約解除之效力，不僅生債權的效力，凡因履行契約而爲物權之移轉時，一經解除契約，則其物權當然回復於原主，無庸更爲物權移轉之行爲也。有謂解除權之行使，祇生債之效果，因履行契約而爲之物權移轉，乃爲獨立之物權契約，不因解除契約之結果而該物權卽當然回復於原主，若欲使之復歸於原權利人，自非更爲物權移轉之行爲不可。吾人自理論上及實際上觀察，均以後說爲優。關於回復原狀之方法，如法律另有特別規定，自應依其規定辦理，或雖無法律上之特別規定，而當事人間另有特約訂定者，亦應依其約定。如兩者均無時，則應適用左述之標準：（二五九條）

（一）凡由他方受領之給付物，應返還之。契約既因解除之結果而歸於消滅，則先前由他方所受領之給付物，至此已無法律上之原因，故應復返還於原主，否則，卽成爲不當得利。受領物如已毀滅或因其他原因不能返還者，應償還其價額。（三五九條六款）

（二）受領之給付如爲金錢者，應附加自受領時起之利息償還之。金錢，在通常情形，固以生利爲常。受領物如爲金錢，不問收受人事實上是否獲有利息，均應自受領時起，附加利息，一併返還。此項利息，當事人間既無約定，自

應依法定利息，以週年百分之五計算之。（二〇三條）

（三）受領之給付爲勞務或爲物之使用者，應照受領時之價額返還之。

（四）受領之給付物生有孳息者，應返還之。所謂孳息，祇須由給付物所生者，均應返還，不以現尚存在者爲限。

（五）就返還之物已支出必要或有益之費用，得於他方受返還時所得利益之限度內，請求返還。受領人對於受領物所支出之費用，祇於他方受利益之限度內，得請求返還。超過他方所得利益以外之費用，關於其所超過部分，無請求返還之權。至受利益之程度，應依返還時爲標準，而受領人原所支出之費用，並以必要或有益者爲限。

（六）應返還之物有毀損滅失或因其他事由致不能返還者，應償還其價額。物已毀損滅失，當然不能返還原物，卽非損毀滅失，而因出賣或贈與等事由，亦無返還原物之可能，此時自應償還其價額，此本屬當然之辦法，實無待明文之規定也。惟解除權人因可歸責於自己之事由致其受領物不能返還者，其解除權消滅，（二六二條）不得主張償還其原物之價額而行使解除權也。

因解除契約之結果，當事人雙方互負回復原狀之義務者，往往有之。例如關於買賣物品之契約，賣主已交付物品之一部，買主亦經交付一部分之價金者，則解除契約時，雙方均互負返還受領物之義務。此項義務之履行，殆與雙務契約之履行給付，無甚二致，但其性質究非雙務契約，故凡關於雙務契約之規定，並非在當然適用之列，此第二百六十一條所以有準用之明文也。

行使解除權人於契約解除後，能否更向他造爲損害賠償之請求，此實一極堪研究之問題。在各國立法例，有認解除權與損害賠償請求權不能併行，祇能擇一行使者。有認解除權行使後，仍不妨更向他方請求損害賠償者。此兩說均各有利弊，孰優孰劣，誠難遽斷。從理論言，損害賠償請求權之發生，原以債務人不履行其債務為前提，而債務人之所以應履行其債務者，又以債之關係之存在為前提，但在行使解除權之結果，既已使兩方間原有之契約關係溯及既往而消滅，則兩造當事人間之債之關係，至此已不復存在，何從而主張損害賠償，足證解除權與損害賠償之請求權，絕無併行之理，既經行使解除權，卽不能再主張損害賠償，理論上固應若是。但從實際言，解除權人因債務人之違反義務而受有損害者，則行使解除權之結果不足以補償之，卽不得不於解除契約之外，另謀補償之道，可見第二種立法例亦未可厚非也。我民法明定解除權之行使，不妨礙損害賠償之請求，（二六〇條）則解釋上更不容異議。

判例

契約當事人解除契約時，各當事人得使相對人負回復契約前原狀之義務。（六年上字五九六號）

債務人所負回復原狀之義務，應以所解除之契約成立當時情況為準。（六年

上字一〇一六號）

契約解除後，一切權利義務，自應回復原狀，所應返還之金錢，並須自領受日起，添付利息，算至返還之日為止。（三年上字二〇六號）

因不履行契約上之義務解除契約，所應返還之金錢，如有遲延情事，亦須負擔利息。（六年上字二四八號）

契約之解除，係消滅契約之效力，故契約一經解除，則解除以前之期內，不待視為當事人間有契約關係之存續人。（日本明治四十四年大審院判例）

契約解除之效力，為相對的，其影響不及於第三人之權利關係。（日本大正五年東京地方裁判所判例）

第四項　解除權之消滅

契約之解除權，遇左述諸事由而消滅：

（一）定有行使期間之解除權，而未於該期間內行使者。

解除權之行使，如當事人間預先約定行使期間者，則解除權人祇能於其所約定之期間內得爲行使，一經過期，其權利當然消滅。我民法單就未定行使期間之解除權設有明文，（二五七條）而於定有行使期間之解除權不設規定者，因此乃當然之理，無待明文規定也。

（二）未定行使期間之解除權，經他方定期催告而逾期未爲解除之通知者。解除權，原爲不因時效而消滅之權利，如法律上不另設規定，則相對人別無使其權利消滅之機會，與相對人不利殊甚。法律上爲保護相對人之利益起見，對於未定行使期間之解除權，使相對人得定相當期間催告解除權人於期限內確答是否解除，如逾期未受解除之通知，則解除權消滅。（二五七條）

（三）受領物不能返還者。解除權人因可歸責於自己之事由致其所受領之給付物有毀損或滅失不能返還者，或雖非毀損滅失而因其他事由不能返還者，其解除權消滅。（二六二條）因解除權行使之結果，雙方互負回復原狀之義務，在解除權人一方面既因歸責於自己之事由致不能返還其原物，倘仍准許解除其契約，卽有害於相對人之利益也。

（四）受領物變更其種類者。

解除權人因加工或改造將所受領之給付物變更其種類者，解除權消滅。（二六二條）所謂加工，卽就原物加以工程之意。曰改造者，謂將原物改成他物之謂。實則二者祇爲程度上之差異，因此而消滅解除權者，須在其受領物已達到變更其種類之程度，否則，相對人尚不得貿然主張其解除權卽行消滅也。

（五）權利人之拋棄。

解除權，係權利之一種，依一般通則，其權利人當然可以任意拋棄之。故解除權人一經表示拋棄其權利，則其原有之解除權，卽因其拋棄之表示而歸於消滅，此亦無待明文規定者。

第六款　契約之終止

契約之終止，與契約之解除，絕然不同，解除權行使之結果，係溯及立約之當時而使其消滅，至契約之終止，則僅使其契約向將來廢止，使其關係不再繼續進行而已。故契約之終止，僅向將來生效，並無溯及效力，在未終止以前，因契約關係所生之給付，仍自有效，故不生回復原狀之問題，此與契約之解除之根本不同點也。惟終止契約之方法，亦應向他方以意思表示爲之，契約當事人之一方有數人者，爲意思表示者，亦應由其全體或向其全體爲之，此種意思表示，不得更行撤回，又終止契約之結果，並無妨於損害賠償之請求，凡此諸端，均與解除契約之規定同，故準用關於解除契約時各該條之規定。（二六三條）

第七款　契約之效力

第一項　雙務契約之效力

雙務契約，所以別於單務契約而言。在單務契約發生之結果，祇有一方負擔給付之義務，他方則完全享受權利，如單純贈與契約，卽其例也。至雙務契約發生後，則契約之雙方當事人，互享權利，並互負義務。例如買賣契約訂立之結果，賣主方面，負有交付標的物之義務，而享有受領價金之權利；買主方面，負有給付價金之義務，而享有領受標的物之權利；而雙務所負義務，卽係對於其所享權利之報償。因此雙務契約遂生兩種特定之效果，一爲同時履行之抗辯，一爲給付不能時之危險負擔是已。

第一目　同時履行之抗辯

雙務契約之當事人，因契約之訂立，而兩造互負義務，且其所負義務，係互爲報償。故如一方未履行其義務，而遽向他方請求給付時，則他方得以未受對待給付爲抗辯，而拒絕自己之給付，此卽學者間所稱同時履行之抗辯者是也。惟一方請求他方履行給付時，是否以自己先給付爲要件，則學說上之主張尙不一致。有謂雙務契約之債權，雖係兩個債權，然若請求他造爲給付，則須以自己先爲給付爲要件，卽兩造之給付，係互爲條件，故在一造未爲給付前，不得向他造請求給付也。有謂雙務契約之兩個債權，既係各自獨立，則任何一造，均得獨立行使其權利，不以自己先爲給付爲要件，惟兩造所負之義務，有互爲報償之關係，故在一造未爲給付前，相對人得以未受對待給付爲理由，而作爲拒絕履行之抗辯耳。依理論言，應以後說爲當。我民法明定因契約互負債務者，於他方當事人未爲對待給付前，得拒絕自己之給付。（二六四條）法文不曰：「自己未爲對待給付前，不得請求他方之給付。」而僅曰：「未爲對待給付前，得拒絕自己之給付。」可知一方請求他方履行時，不以自己先爲給付爲要件，不過他方得以未受對待給付爲抗辯，而拒絕其債務之履行而已。

因雙務契約所生之債，兩造當事人，對於其債務之履行，在原則上雖均享有同時履行之抗辯權，然如一方有先爲給付之義務者，則雖在他方未爲對待給付前，亦不得以同時履行爲抗辯，因此時自己方面本有先爲給付之義務也。如關於買賣之契約，買主或賣主約明先交付價金或先交付標的物之類是也。但於此尙有一例外規定，卽雖在當事人之一方有應向他方先爲給付之義務，然如他方之財產，於訂約後顯形減少，有難爲對待給付之虞者，則在他方未爲對待給付或提出擔保前，仍得拒絕自己之給付。（二六五條）此卽物理上所謂例外之例外，復還於原則之謂也。蓋雙務契約之當事人，兩造互負給付之義務，且其所負義務，含有互爲報償之性質，一方對他造履行義務之目的，不外欲得他造之對待給付。故雖依特別事由應由某一方先履行其給付，然其爲給付之本意，固仍在欲得他方之報償若在他方之財產顯形減少，而事實上有難於爲對待給付之虞時，如猶不設例外規定，仍令一方先爲淸償則於人情及公道上均有未合，故法律上不得不設例外規定。惟適用時，明限於他方財產於訂約後顯形減少者而言，若在訂約前他方財產已顯形減少，致難爲對待給付者，當然不在適用之列。又於何種情勢之下，方得謂爲有難於爲對待給付之虞，應依實際情形定之。且祇須有難於爲對待給付之虞爲已足，不必事實上已陷於不能爲給付之程度也。

關於雙務契約所生之債務，因有同時履行抗辯權之結果，（如一方應先負給付義務者，不在此限。）故如一方欲受領他方之給付，而使其無可抗辯，則非自己先爲對待給付，以消滅其同時履行之抗辯權不可。否則，他方並無先爲給付之義務，在未領受對待給付前，既不生履行遲延之問題，則對於對方履行債務之請求，自得援用同時履行之抗辯權以拒絕其債務之履行，是請求履行之一造，仍不能受給付之效果也。

雙務契約之當事人，履行其對待給付時，亦應遵守債之履行之一般原則，依債務之本旨爲之。在不可分債務，固須一次全部履行，即在可分債務，亦必須爲全部給付後，始生給付之效力。惟履行債務，行使債權，均須依誠實及信用之方法爲之，在第二百十九條設有明文，在此亦當然適用。故如他方當事人雖尚未爲全部之給付，然依其情形，如拒絕自己之給付，有背於誠實及信用之方法者，不得拒絕自己之給付。（二六四條二項）如他方已給付十分之九或百分之九十以上，祇餘最少部分尙未給付時，卽不能以未受領全部給付而拒絕自己之給付，蓋非如是，卽於人情及公平之原則不符也。

判例

不動產買賣契約，爲雙務契約，移轉所有權與交付賣價，原則上應同時履行。（最高法院十七年上字九〇一號）

雙務契約當事人之一造，在未受對待給付以前，僅得拒絕自己所應負擔之給付，非經定期催告相對人而相對人仍不爲給付者，不得遽請求解除契約。（八年上字四四六號）

兩造互負給付義務者，依當然之條理，應由兩造同時履行。（三年上字一〇四一號）

同時履行之抗辯權，爲雙務契約所生之債務所特有之規定，債務人固可於適當時期行使之，以免不履行責任。但此抗辯權之行使與否，純屬債務人之自由，而其相對人之行使債權，並不以自己債務履行爲要件，其當事人一造，既受相對人債務履行之求，而不行使此抗辯權，迨被提起損害賠償訴訟後，始欲行使之，不得不認爲已失時期。蓋不履行之損害賠償，非雙務契約當然所生之債務也。（日本明治四十一年大審院判例）

雙務契約之兩造，債務均至履行期，苟相對人不提供履行，則非可以期限徒過之一事，即使他造任遲延或不履行之責。其一造無履行資力所爲之履行請求，即不足使相對人生遲延或不履行責任。（日本大正四年大審院判例）

買賣當事人兩造，雖於履行期日均不提供以致期日虛過，然各當事人仍有同時履行之抗辯權，一造在相對人提供前，得拒絕自己債務之履行，故非當然任遲延之責。（日本大正二年大審院判例）

第二目　危險負擔

在通常之債，遇有給付不能，而其不能係由於應歸責於債務人之事由所致者，則債權人得請求不履行之損害賠償。反之，如其不能非由於應歸於債務之事由所致者，債務人免除給付義務。（二二五條一項二二六條一項）此在給付中已有規定，但在雙務契約，則因有對待給付之關係，情形較爲複雜，上開規定，尚不足以資解決，故有另設特別規定之必要，茲分述如左：

（一）給付因不可歸責於雙方當事人之事由致一方之給付不能者。

契約當事人之兩造，如其應爲之給付，均因不可歸責於當事人之事由致不能履行者，則雙方均免除給付之義務，亦無請求對待給付之權利，此固無待明文規定者。若因不可歸責於當事人之事由致一方之給付全部不能者，其不能給付之一方，應因此免除給付義務，固屬當然。卽其相對方，亦應因此免除對待給付之義務，（二六六條一項）因此時之給付不能，非由於他方應負責之事由所致，在自己方面，既已免除給付之義務，自無更向他方請求爲對待給付之理也。如一方之給付僅爲一部分不能者，則其可能之部分，仍應履行，惟他方祇於領受部分負對待給付之義務。故他方應負之給付義務，應依其不受領之部分按照比例減少其對待給付。（二六六條一項）如在一方給付全部不能，而他方已先履行全部，或一部分之對待給付者，則可依不當得利之規定請求返還。如在給付一部不能，而他方已爲全部之給付，或雖爲一部分之給付，而按照比例已超過其應爲給付之數額者，關於其超過部分，亦得本於不當得利之規定請求返還。（二六六條二項）

（二）因可歸責於他方當事人之事由致給付不能者。

給付不能，如係出於自己應負責之事由者，則他方得請求不能履行之損害賠償。若因他方應負責之事由致給付不能者，則不能之一方，固應免除給付義務，而其對於他方之對待給付請求權，亦不因此而受若何之影響。但其因免除給付義務所得之利益或應得之利益，均應於其所得請求之對待給付中扣除之。

（二六七條）所謂因免除給付所得之利益，例如因動物倒斃所節省之飼養費，因物品滅失所節省之保管費是也。所謂應得之利益，卽依通常一般情形，原應獲得之利益之謂。不問事實上是否獲得，均應於對待給付中扣除之。

判例

雙務契約，當事人一造所負擔之給付，因非歸責於兩造之事由而不能給付者，對於相對人無請求對待給付之權利。但僅係一部不能給付者，須依買賣價金減少之辦法，減少其對待給付之額。（四年上字二三六五號）

第二項　利他契約之效力

通常契約之訂立，享受其契約上之利益者，必爲立約之當事人，至契約當事人以外之第三人，卽不能因他人間之契約而直接取得如何之權利，此一般契約之所同也。惟利他契約則否，契約當事人立約之目的，卽在欲予第三人以利益，享受其利益之第三人，直接因他人間之契約而取得債權人之地位，債務人負有向該第三人爲給付之義務，此利他契約之特點也。例如甲與乙相約，由乙供給丙若干元之學費，卽其一例。此時債務人爲乙，而享受其利益者爲丙，惟甲仍處於債權人之地位，得根據契約請求乙履行其債務，但祇能請求對丙爲給付，不得請求向自己履行。在丙方面，既因甲乙間之契約而取得債權，自亦有向乙請求對自己爲給付之權利。惟甲與丙二人之債權，其債之標的，爲同一給付，故甲之債權，因丙之受領給付而消滅。

因利他契約而享受利益之第三人，其權利之取得，係直接由於他人間之契約，故在他人間之契約既經成立，則受益之第三人之債權，卽由此取得，不以該第三人之協力爲要件。我民法明定：「以契約訂定向第三人爲給付者，其第三人對於債務人亦有直接請求給付之權。」（二六九條一項）可知在利他契約訂立後，該第三人卽直接享有對債務人請求爲給付之債權，無庸再經過何種程序。惟在第三人未表示享受其利益之意思前，當事人得變更其契約或撤銷之。（二六九條二項）若在第三人既表示享受其利益之後，則其權利義務關係卽行確定，而不能更行變動。

又享受利益之第三人，得以意思表示拋棄其權利，故第三人祇須對於契約當事人之一方表示不欲享受其契約上之利益，法律上視爲自始未取得該權利。（二六九條三項）

利他契約之權利人，爲受益之第三人與原要約人，惟債權人雖有二，而其債之標的則祇一個，前已言之。且享受利益之第三人，其取得權利，純係由於他人間之契約，故其權利之內容如何，應以他人間之契約爲準。而債務人所負之義務，亦應依其契約所訂定。故債務人得將由其契約所生之抗辯權，對抗受益人。（二七〇條）此亦利他契約之本質上應有之結果也。

利他契約之特點，係以第三人之享益爲目的，此外尙有以「第三人對於他方爲給付」（二六八條）爲契約之標的者，我民法亦認許之。惟契約係特定人間之法律行爲，雖可因契約而付與第三人以利益，但不能以契約拘束第三人，使負若何之債務，此固理論上當然之結果。惟使契約當事人之一方，負有使第三人對他方爲給付之義務，而於第三人不爲給付時，使任賠償損害之責任，則原無不可。因此時契約上之義務人，仍爲訂立契約之一造，不過義務人所負之債務，須以第三人之對於他方爲一定之行爲爲給付之標的。此時債權人祇能向契約當事人之對方行使請求權，不得本於契約上之關係直接向第三人請求爲給付。惟於該第三人不爲給付時，卽成爲給付不能，應由約定之一方對他方負擔損害賠償之義務。（二六八條）

判例

債權契約，係特定人間之法律關係，非有特別原因，斷無拘束第三人之效力。（三年上字四八三號）

當事人一造約定向第三人爲某種給付，而第三人表示享受契約利益之意思，則該第三人得直接對於債務人請求給付，此爲法理所當然，不必特有規定。故在民法實施前，第三人亦得直接對於債務人請求給付。（日本明治三十七年大審院判例）

第五章　多數債務人及債權人

第一節　總論

同一債之關係中，而有多數債務人或多數債權人者，爲事實上所常有。此種債之關係中，債權人與債務人間以及各自相互間，均生複雜之效果，法律上實有特設規定之必要。本章所研究之多數債務人及債權人之規定，卽應此需要而生者也。

依法文所定，本章所應研究之內容，可分爲三種：（一）分割之債。卽數人負同一債務或享有同一債權而其給付係可分割者也。（二）連帶之債。卽多數債務人負同一債務明示或依法律規定對於債權人應各負全部給付之責任或數債權人享有同一之債權，而各得向債務人請求爲全部之給付者是也。（三）不可分之債。卽數人負同一債務或享有同一債權而其給付係不可分者也。債編總則所規定者，僅此三種，此外尙有保證債務者，亦係多數債務人之一種，惟其性質以列於分則中爲宜，故不在總論研究之圍範。

第二節　分割之債

數人負同一債務或有同一債權而其給付係可分者，（二七一條）謂之分割之債，亦稱連合之債。依法文所定，其內容復可分爲兩種：（一）分割債務。卽數人負擔同一可分之債務者是也。（二）分割債權。卽數人享有同一可分之債權者是也。從前學者均稱分割之債爲分割債權或連合債權，亦有以連合債務或分割債務等名之者，均係從一面着眼爲命名，實不足以包括其全體，且與立法上改稱債權編爲債編之本旨不符。本書改名之曰分割之債，蓋由於此。其他連帶之債及不可分之債，亦均應採取同一之見解予以改正，不待言也。

所謂分割之債，卽在其給付係可分之一點，其與不可分之債之區別，亦卽在此。故雖係不可分之債，如其給付已變爲可分者，卽失去其不可分之特質，而成爲分割之債，故應與分割之債適用同一規定辦理。（二七一條後段）

債之標的究爲可分與否，事實上頗難確定。惟依一般學者所見，則凡因分割而無害於其物之本質或不致損害其原有之價值者，應認爲可分給付，此依給付之性質而定之標準也。惟有時給付物之性質雖非不可分，而因當事人之意思表示不准分割者，亦應認爲不可分之給付，不必違反當事人之本意强爲適用分割之債之規定也。債之標的中，有一部可分，一部不可分割者，關於其可分割之部分，應卽適用分割之債之規定，其不可分之部分，應卽依照不可分之債之規定辦理，固不待言。

關於分割之債，其多數債權人或多數債務人之間其所享權利或所負義務如何？如法律上另有規定者，從其規定，或當事人間別有約定者，亦應依其約定。如兩者均無，則通常一般之標準如左：

（一）分割債權中各債權人之權利。

數債權人享有同一可分之債權者，各債權人所得享受之利益，應平均分受之。（二七一條）卽各債權人應依其人數平均分受其利益，每一債權人，祇能就其應享受之一部分向債務人請求給付，債務人對於各債權人亦僅就每人應享受之部分負給付義務。

（二）分割債務中各債務人之義務。

在分割債務，各債務人所應分擔之義務，應依給付總數額按其人數平均分擔之。（二七一條）如甲乙丙三人對丁共負四百五十元之債務，則每人應分擔之數爲一百五十元，故甲乙丙三人對丁所負之義務，各爲一百五十元，丁祇能向甲乙丙各請求一百五十元之給付。

由上所述，可知分割之債，其債之關係，形式上雖係同一，而實際上各債權人所享之權利及各債務人所負之義務，均各自獨立，彼此毫不相涉。不過由此多數當事人之連合，形式上成為同一之債之關係而已，此學者間所以叉連合之債之名稱也。

判例

共同債務人，若非連帶債務債權者，不得令共同債務人之一人獨負全額之清償。（三年上字九號）

數債務人負可分給付之債務而無特別之意思表示者，各債務人以平等之比例負其債務。（六年上字二二一六九號）

兄弟未分析前共同借用之債，至分析後始行償還者，若無連帶特約或合法之債務移轉，自應按連合債務之原則依兄弟人數平均分償。債權人固不能僅向其中一人求償，債務人亦不能以分歸何人名下爲詞拒絕分償。惟應行分償之人，如果證明絕無資力，則其他確有資力之人，又不得不負按分代償之責。（七年上字六二八號）

第三節　連帶之債

連帶之債，與分割之債之效果，完全相反。在分割之債，其債權人之權利或債務人之義務，應依其人數平均分受或分擔之，而連帶之債，其債務人對債權人各負全部給付之義務，債權人對各債務人有請求全部履行之權利。故在分割之債，雖在形式上亦有多數之當事人，然其所享權利及所負義務，彼此均各自獨立，毫不關涉。若連帶之債，在其多數當事人間，互有聯鎖之關係，一債權人已受領給付者，他債權人之權利亦由此消滅，同時債務人間有一債務人已爲全部之淸償者，則他債務人之義務亦由此消滅。因此不特在債權人與債務人間生複雜之問題，卽在多數之債權人或多數之債務人彼此相互間，亦生複雜之效果，此皆連帶之債之特點也。

連帶之債，有債權人之連帶與債務人之連帶之別，以下卽分爲連帶債務及連帶債權兩者說明之。

第一款　連帶債務

第一項　連帶債務之性質

連帶債務者，乃多數債務人對於債權人各負全部給付之義務，而於債權人受領一次全部淸償後，則全體債務人卽同免其義務之數個債務也。故連帶債務，有下列諸點可論：

（一）連帶債務，必須有多數之債務人。

連帶債務之成立，以有多數債務人爲構成要件，否則不生連帶之問題，此固無庸說明者。

（二）債務人須各對債權人負全部清償之義務。負連帶債務之債務人，對於債權人所負之責任，較之他種債務爲重，（此專指多數債務人而言）每一債務人均須對債權人各負全部給付之義務。故債權人得選擇任何一人請求爲全部之履行，或請求數人或其全體同時或先後請求爲全部或一部之給付，均無不可。

（三）各債務人所負之給付，須有同一之內容。連帶債務之債務人，雖有多數，而各人所負擔之給付義務，須有同一之內容，缺此要件，縱合於其他要素，亦不得謂爲連帶債務。

（四）連帶債務爲數個債務。學者間有主張連帶債務祇爲一個債務關係者，但據通說，則連帶債務應認爲數個債務，而各以全部同一之給付爲其內容。惟債權人祇能受領一次全部之清償，故債務人中已有一人爲全部之給付者，其他債務人之給付義務亦同歸消滅。

第二項　連帶責任之發生

連帶債務之發生以當事人間有明示或法律有規定者爲限。（二七二條一項二項）所謂明示者卽當事人間預先明白表示由債務人負連帶責任之謂也。苟無此明白表示，則法律上不得以推定之方式斷令債務人負連帶之責。蓋連帶債務之效果，債務人之責任，較之任何債務爲重，在債權人方面，固有極大便利，而於債務人方面，則受損實多。故法律上定明限於以明示者爲限，方能令債務人負連帶責任，卽所以顧及債務人之利益也。在我舊民律草案，曾定明對於數人因契約而共同負擔可分給付者，以無特別表示爲限，使負連帶責任。現行民法無此明文，且於第二百七十二條標明「明示」字樣，則遇有前開草案所定之情形時，自不得推定爲連帶債務，固無疑義。除當事人明示負連帶責任以外，則以法律上有明文規定者爲限，方使債務人任連帶之責。所謂法律有規定者，例如侵權行爲中凡數人共同不法侵害他人之權利者，連帶負損害賠償之責任。（一八五條前段）無行爲能力人或限制行爲能力人不法侵害他人之權利者，以行爲人於行爲時有識別力爲限，與其法定代理人負連帶責任。（一八七條一項前段）受僱人因執行職務不法侵害他人之權利者，僱用人如不能證明選任及監督已盡相當之注意，則由僱用人與受僱人連帶負損害賠償責任（一八八條一項）等，卽係由法律直接規定應負連帶責任者也。故連帶債務之發生，原因有二：（一）由於當事人間之明示。（二）由於法律上之直接規定。除此以外，不得任意令債務人任連帶之責。

判例

數人依契約共同負擔可分給付之債務者，除已聲明連帶負責外，應以分擔爲原則。（六年上字六四四號）

第三項　連帶債務之效力

第一目　債權人之權利

連帶債務之作用，原在確保債權人之權利，使其行使時靈活敏捷，不致有難於求償之弊。故連帶債務之發生，於債權人有極大之利益，負有連帶債務之債務人，對於債權人各負全部給付之義務。故債權人得對於債務人中之一人或數人或其全體同時或先後請求全部或一部之給付。（二七三條一項）凡受其請求者，不得因尙有其他債務人而脫卸其責任。在債權人未受領全部給付前，縱令已受一部之淸償，而其全體債務人仍應負連帶之責任。（二七三條二項）

第二目　債務人間一人所生之事由及於他債務人之效力

在分割債務，債務人之履行給付，係各自獨立，與他債務人無關，故因一人所生之事由，其效力不及於他人。若連帶債務，則因各債務人所負義務爲聯鎖的關係，故債務人中一人所生之事由，其利益或不利益，往往影響及於全體。惟此祇以法律有規定或契約另有訂定者爲限，否則因一人所生之事項，無論爲益爲損，對他債務人不得發生效力。（二七九條）例如因債務人一人之過失所生之損失，他債務人不負其責是也。

當事人間如以契約訂明債務人中一人所生之事項對他債務人應生如何之效力者，應依其契約之所訂定。至法律上所規定因一人之事由對於他債務人亦生效力之情形，可分爲左述五種說明之：

（一）因連帶債務人中之一人爲淸償，代物淸償，提存，抵銷或混同而債務消滅者，他債務人亦同免其責任。（二七四條）

連帶債務之各債務人，雖各對債權人負擔全部給付之義務，然債權人之債權，祇能受領一次全部之淸償，而卽歸於消滅。故因一債務人所生之事由而使債務消滅者，則債權人卽不能更向他債權人求償，故他債務人所負之債務，當然亦因此同免其責任。

（二）連帶債務人中之一人受確定判決，而其判決非基於該債務人個人關係者，為他債務人之利益，亦生效力。（二七五條）連帶債務人中一人受有確定判決，如其判決係基於該債務人個人之關係所生者，自無對他人發生效力之理。即非基於債務人個人之關係，而其判決對於他債務人將生不利益之結果者，亦不得對他債務人發生效力，法文明定為他債務人之利益亦生效力，則不利於他債務人之判決，自無對他債務人生效之可能，固無庸疑。所謂有利於他債務人之判決，如債權不成立或其權利已消滅之判決是已。

（三）債權人向連帶債務人中之一人免除債務而無消滅全部債務之意思表示者，限於該債務人應分擔之部分，他債務人免其責任。（二七六條一項）債權人對於連帶債務之免除，有債務免除與連帶責任之免除兩種。所謂連帶責任之免除者，乃債權人對於債務人之全體或其中之一人或數人免除其連帶責任之謂。此時若為全體受免除者，嗣後各債務人祇就本人應分擔之部分負償還責任，不負全部給付之義務若受免除者非爲全體，則祇有該被免除之一人或數人免除全部給付義務，僅就其應分擔之部分負責，而其他債務人之責任，不因此稍受影響也債務免除，亦有全部債務之免除與債務人個人之免除之別。債權人對全體債務人表示免除債務者，則債權人之權利由此全部消滅，各債務人均因此免除給付義務，固不待言。卽在債權人僅對一人表示免除債務而有消滅全部債務之意思表示者，亦與對全體爲免除生同一之效果。惟本項（二七六條一項）所述之情形，則僅係向一人免除債務且無消滅全部之意思表示，故其結果除被免除之一人不負責任外，對於他債務人之責任，似不能因此而受若何之影響。因債權人本可向債務人中任何一人請求全部之淸償，則未受債務免除之其他債務人，自應仍負全部給付之義務也。惟吾人同時應加注意者，卽此時被免除之一人，不僅爲連帶責任之免除，而爲本人債務之免除。如其結果仍使其他債務人負全部淸償之責任，則該被免除之一人，雖對債權人不負責任，而其對內應分擔之部分，仍不能不負償還之責任。則實際上仍與連帶責任之免除得同一之結果，不過一則對內應淸償本人應分擔之部分，一則係對外應給付本人應分擔之部分，而其所負責任之範圍，則兩者絕無不同。此不僅與債權人免除該債務人之債務之本義不符，且使他債務人代被免除之債務人對外淸償其分擔之部分，再轉向該被免除者求償，手續上亦徒多麻煩。法律上爲免除此種不當之結果起見，於此時訂明他債務人之責任，僅於扣除被免除者應分擔之部分外，負其責任。

債務人中之一人消滅時效已完成者，則債權人對於該債務人固不得請求給付，而他債務人對於債權人所負之義務，亦應扣除該債務人應分擔之部分。（二七六條二項）

（四）連帶債務人中之一人對於債權人有債權者，他債務人以該債務人應分擔之部分爲限，得主張抵銷。（二七七條）

債務人中有對債權人享有債權者，則抵銷與否，應屬於該債務人之自由。他債務人自無權代爲主張。且連帶債務之作用，原在使債權人自由選擇債務人行使其請求權，債務人既各對債權人均負有全部給付之義務，自不能主張債權人應先向何人請求履行。故債權人究向何人請求給付，屬諸債權人之自由，即同時或先後向一人或數人或全體請求給付，依法均無不可。若依第二百七十七條所定，凡債務人中之一人對債權人有債權者，他債務人在該債務人應分擔之部分內，即得對債權人主張抵銷，是即無異强制債權人必先對該有債權之債務人先行求償，不但有背於連帶債務之本旨，且與抵銷之要件不符，而適用時又限於以該債務人應分擔之部分爲限，於實際上反多無窮之紛雜，亦未見有若何之便利，依余個人見解所及，似反不若舊民律草案之規定之爲愈也。

（五）債權人對於連帶債務人中之一人有遲延者，爲他債務人之利益，亦生效

力。(二七八條)

債務人中既有一人提出給付,如果債權人無拒絕受領或不能受領之情事,則各債務人之債務均因此消滅,今因對一人受領遲延之結果,不但提出給付之債務人不能消滅其債務,即其餘各債務人亦均因其遲延而受有同一之影響,故因受領遲延所生之結果,不但對於該提出給付之一人生效,即爲他債務人之利益,亦應發生效力,理固當然。

判例

連帶債務之性質,向連帶債務之一人請求給付者,對於他債務人亦生效力。(六年上字一一二號)

第三目　債務人相互間之義務

(一)債務人相互間義務之分擔。

負擔連帶債務之各債務人,其對內所負義務如何,因法律之規定或契約之訂定而有不同。如受僱人因執行職務不法侵害他人之權利者，在對外關係上，雖應由僱用人與受僱人連帶負賠償之責任，然其對內關係，則全應由受僱人負責，僱用人無應分擔部分，（一八八條）此係由法律所特別規定者也。債務人間以契約自由訂定各人應分擔之額者，亦屬事所常有，自應依其契約所定者辦理。如債務人間無契約訂定，法律上又別無特別規定者，原則上各債務人應平均分擔之。惟各債務人平均分擔之債額，限於以達到淸償債務目的所必要之費用爲限。若因應歸責於債務人中之一人單獨負責之事由所生之損害或支付之費用，卽應由該債務人自負其責，（二八〇條）不得令總債務人平均分擔也。

（二）超過應分擔部分之求償權。

負連帶責任之債務人，雖其對外關係，應各對債權人負擔全部給付之義務，然其對內關係，則各有其應分擔之部分，本無代替他人履行給付之義務，故因一人之淸償或其他行爲致他債務人同免其責者，得向他債務人請求償還其各自分擔之部分，並自免責時起之利息。（二八一條一項）此項利息，係法定利息之一種，其利率應依第二百零三條所規定，以週年五釐計算之。所謂或其他行爲致他債務人同負責任者，卽指代物淸償抵銷提存或混合（二七四條）等而言。

（三）請求權範圍內債權人權利之移轉。淸償債務人，對於其超過本人應分擔之部分，應有向他債務人求償之權，前已述及。法律上又爲鞏固求償權人之權利起見，允許求償權人在求償之範圍內得承受債權人之權利。（二八一條二項）例如關於原債權之擔保權利，淸償人得承受之，庶使其求償權易於行使。惟此時尙應受相當之限制，卽不得有害於債權人之權利。（二八一條二項但書）例如原債權之擔保權利若兼爲另一債權之擔保且爲不可分者，則求償權人不得承受之，蓋不欲爲保護求償權人之利益，致使原債權人受損也。

（四）他債務人不能償還其分擔額時之辦法。

求償權人行使求償權，如遇有無資力者不能償還其應分擔之部分時，關於其不能償還之部分，決不能由求償權人獨受損失，故應由求償權人與他債務人（不能償還之債務人除外）按照比例分擔之，（二八二條一項）庶稱公允。所謂比例分擔者，卽將該不能償還部分之數額，按照其餘各債務人及求償權人對內各自應分擔之部分，依比例分擔其數額。故對內如無應分擔之部分者，對此亦不負責任，固不待言。惟其不能償還之原因，如係由於求償權人之過失所致者，應由求償權人自負其責，不得向他債務人請求分擔。（二八五條一項但書）如不在適當時期行使權利，致其後不能求償之類是也。

債務人中如有因第二百七十六條規定因債權人之免除債務或因消滅時效之完成而免除其應分擔之部分者，遇有他債務人對求償權人不能償還其分擔額時，該免責之債務人仍應與他債務人同樣依照其原應分擔之部分比例分擔其責任，我民法於此特設明文（二八二條二項）以杜爭議。

判例

債權人對於連帶債務人之一人得請求履行全部債務，其爲全部清償之人，得對於他債務人按成求償。（四年上字七二四號）

第二款　連帶債權

第一項　連帶債權之性質

數人有同一債權而各得向債務人請求全部之給付者，爲連帶債權。其發生之原因，有由於法律所規定者，有由於當事人間之法律行爲者。（二八三條）

連帶債權爲數個的債權，惟其權利之標的祇有一個，故債權人中有一人受全部清償者，他債權人之權利亦歸消滅。

連帶債權之實益，卽在其權利行使之便利，債權人中任何一人均得向債務人請求全部之淸償故實際上行使極便。在債權人方面，亦得任意選擇債權人中之一人爲全部之給付以消滅其債務，（二八四條）雖在債權人中已有一人提起給付之訴後，而債務人仍得隨意選擇他債權人爲淸償，現行民法對此雖未如民律草案之定有明文，然依法理上之解釋，固應若斯。故連帶債權，不僅於債權人方面有易於行使之益，卽在債務人履行債務時，亦較之他種債務爲便。我民法特設連帶債權之規定，亦所以謀實際上之便利也。

在他國立法例，有不設連帶債權之規定者，其意以爲規定連帶債權之實益，不外爲行使權利之便利，然近世代理制度，日漸發達，則遇有行使權利不便時，儘可授權他人代爲行使，實無特設連帶債權之規定之必要。惟依代理方式使人代爲行使，則手續厖煩而進行遲緩，若適用連帶債權之規定，則不必經過代理之手續，卽得直接對債務人行使其權利，不特於債權人方面有極大便利，且使債務人得擇一債權人爲淸償，亦較之他種債務之履行爲便，可知連帶債權之規定，固非毫無實益也。

第二項 連帶債權之效力

第一目 債權人之權利

連帶債權之作用，本在便於債權之行使，故連帶債權人不問人數幾何，均各得向債務人爲全部給付之請求。（二八三條）負擔給付義務之債務人，亦得任意向債權人中之一人爲全部之淸償（二八四條）以消滅其債務。

第二目 債權人間一人所生之事項及於他人之效力

連帶債權性質上爲複數的債權，故債權人中一人所生之事項，除法律有規定或契約另有訂定外，其利益或不利益，在原則上祇於該債權人與債務人間發生效力，對於其他債權人不能生效。（二九〇條）

所謂法律有規定者，依我民法所定，共有左列五種：

（一）連帶債權人中之一人爲給付之請求者，爲他債權人之利益，亦生效力。（

二八五條）此乃連帶債權性質上當然之結果，所以使債權人之權利便於行使也。

（二）因連帶債權人中之一人已受領淸償代物淸償或提存抵銷混同而債權消滅者，他債權人之權利亦同消滅。（二八六條）

連帶債權性質上雖應認爲複數的債權，然其數個債權之標的，則爲同一之給付。故債權人中如有一人已因受領淸償或其他事由而債權消滅者，他債權人之權利亦應因此同歸消滅。

（三）連帶債權人中之一人受有利益之確定判決者，爲他債權人之利益，亦生效力。（二八七條一項）如受有不利益之判決，而其判決非基於該債權人個人關係者，其判決對於他債權人亦生效力。（二八七條二項）

一人所受之判決，所以對於他人亦生效力者，因債權人與債權人間本有連帶之關係也。惟因基於某一債權人個人關係所受不利益之判決，則不能對他債權人發生效力，因他債權人之權利，不能因一人之特殊關係而受損失也。

（四）連帶債權人中之一人向債務人免除債務者，除該債權人應享有之部分外，他債權人之權利仍不消滅。（二八八條一項）

連帶債權人中之一人，如得全體同意而向債務人免除債務者，則債務人之債務全部消滅，對他債權人亦免除給付之義務。如全體債權人向債務人免除債務者，則債務人之義務應因此全部消滅，更不待言。惟如債權人之一人單獨向債務人免除債務，且未得他人之同意者，則他債權人之權利，不能因此而受損害，故債務人所能免除給付之部分，祇以該債權人應享受之部分爲限。而債權額中除去該債權人應享有之部分外，其他債權人之權利仍不消滅。例如甲乙丙丁對戊有千元之連帶債權，對內關係爲平均分享，每人各應得二百五十元，如甲一人單獨對戊爲債務之免除時，則戊對於甲應享受之二百五十元應免除給付之義務，而乙丙丁對戊之債權，仍各得請求給付七百五十元。卽乙丙丁之權利，不因甲之免除債務而受影響。債權人中如消滅時效進行有先後，則遇有一人之債權已因時效完成而其權利歸於消滅時，其他債權人之權利，除去該時效完成之債權人應享有之部分外，其權利仍不消滅。（二八八條二項）

（五）連帶債權人中之一人有遲延時，他債權人亦負其責。（二八九條）連帶債權之債務人，本得任擇一債權人而爲淸償以消滅其債務。如果一債權人之遲延，對於他債權人不生效力，則債務人必須向各債權人一一提出給付而皆有遲延受領之情事，則債權人方負遲延之責任。其結果不但使債務人失去擇一淸償之權利，且與連帶債權之本旨相違反，其不當誠不待言。民法第二百八十九條所定，正所以免除此不當之結果也。

判例

多數債權人中之一人對於債務人爲免除債務之意思表示者，亦祇就該債權

人所有債務之部分發生效力。（六年上字七九一號）

第三目　債權人相互間之權利

債權人對內所得享受之利益，除法律另有規定或契約別有訂定外，應平均分受其利益，（二九一條）此與連帶債務人相互間所負之義務同。

第四節　不可分之債

不可分之債之構成要件，不僅在於給付標的之爲不可分，而尤須有多數之債權人或債務人爲要件。如當事人之兩造各僅一人時，雖其給付爲不可分，但於權利之行使或債務之履行，毫不發生困難，僅適用通常債之規定已足，非此所謂不可分之債也。

不可分之債，又有不可分債權與不可分債務之別，前者乃數人享有同一債權而其給付係不可分者也，後者乃數人同負一債務而其給付係不可分者也。

不可分給付，乃別於可分給付而言。所謂可分給付者，乃指無害於其本質及其價值而得分割之給付也。據此義，從反面解釋，則凡債之給付，非損壞其本質或喪失其本來之價值卽不能分割者，當然屬於不可分之給付，此乃給付標的之性質上爲不可分者也。在客觀方面雖非不可分之給付，然如當事人間有特約訂明不准分割者，亦應認爲不可分之給付。

給付有本不可分而嗣後變爲可分者，如當事人間原有不許分割之特約，其後廢除其約定而復准予分割者是也。卽在性質上爲不可分之給付，然若因履行不能而變爲金錢損害賠償時，亦卽成爲可分給付。總之，不問其不可分之原因，是否出於當事人之特約抑本於給付之性質，一經變爲可分給付，卽應適用分割之債之規定，（二七一條後段）不復適用不可分之債之規定。

不可分之債，各債權人僅得爲債權人全體請求給付，不得爲自己個人請求給付，在債務人方面，亦僅得向債權人全體爲給付，不得任擇一人爲債務之淸償，（

二九三條一項）此乃基於不可分之關係上所生之結果。除此以外，債權人中之一人與債務人間所生之事項，其利益或不利益，對於他債權人不生效力。（二九三條二項）

在連帶債務，債權人得向一人請求爲全部之給付，在連帶債權，債權人各得向債務人請求對自己爲全部之淸償，此乃基於連帶關係上所生之結果。至不可分之債，在其多數債權人或多數債務人間，其所享權利或所負義務，本非有互相連帶之關係，特因其給付爲不可分，故債務人不得不爲全部給付，債權人亦不得不爲全體而請求，而其債務之履行或債權之行使，除須對債權人全體履行或爲債權人全體請求之特別規定外，其餘均與連帶之債之辦法同，故除第二百九十三條規定外，準用關於連帶債務或連帶債權之規定。（二九二條）

第六章　債之移轉

第一節 總論

債之移轉者，卽於不變更債之內容之限度內，由債權人讓與其權利與第三人，或由第三人承擔他人之債務，或由第三人概括的承受他人之資產及其債務之總稱也。故債之移轉，得分爲三種：（一）債權之讓與，卽債權人依契約移轉其權利於第三人之謂也。（二）債務之承擔，卽第三人與債權人訂立契約承擔他人之債務，或由第三人與債務人訂立承擔債務之契約而由債權人承認者是也。（三）概括的承受，卽第三人將債務人之資產及其負債概括的承受之謂也。

我國舊民律草案，原將債權之讓與及債務之承任分爲兩節規定，惟此兩者均係於不變更債之內容之限度內移轉其債權或債務於第三人，其區別不過一則爲債權之移轉，一則爲債務之移轉，而其移轉之性質，則絕無不同。現行民法將此兩者同列於債之移轉之一節內，編制上似較草案爲優。

按債之關係，為特定人與特定人間之權利義務關係，前已屢言之矣。債之移轉，既已變更債之關係人，卽無異變更債之本質也。古來羅馬立法例卽根據此理由，不認債權讓與及債務承擔之制度。惟債權與物權同屬於私權中之財產權，在物權既准權利人為讓與，則債權自無不得讓與之理，縱認債之關係為對人的關係，然在債權之讓與，既限於不得變更債之內容之限度內，則權利人為甲為乙，要與債之內容毫無影響，法律上亦無不許讓與之必要也。惟在近世各國立法例中，仍間有僅認債權讓與之制度，而不認許債務之承擔者，其理由以為債務之承擔，不僅有害於債之同一性，且處分債權，於理論上尙無不可，若使債務人亦得自由處分其債務關係，於理論上固不可通，且亦將生不當之結果，因處分債務，卽害及他人之權利也。惟法律上既認許債權讓與之制度，則債務之承擔，亦自不得不予以認許，且債務之承擔，既不得變更債務之內容，則債務人為甲為乙，初無若何之區別，若謂因承擔之結果恐害及他人之權利，則法律上固明定債務人與第三人訂結債務承擔之契約者，非經債權人之承認，不得對債權人發生效力，則遇有不甚可靠之第三人承擔債務時，債權人儘可不予以承認，事實上亦不致因債務之承擔致使債權人受損也。更自實際上觀察，凡商店讓與營業者，往往將負債同時移轉於讓受人，在一般繼承時，尤須同時承受其財產與負債，此種事例，實屬司空見慣，法律上雖欲不認許之，亦不可得，此近世各國立法例所以多認許債權讓與及債務承擔等制度，蓋爲適應實際上之需要，不得不加以明文之規定也。

第二節　債權之讓與

第一款　債權讓與之性質

債權之讓與者，乃債權人依契約移轉其權利於讓受人之謂也。按債權之移轉，有本於審判上之結果者，有由於法律上之直接規定者，有由於當事人間之契約者，所謂債權之讓與，乃專指由當事人間之契約所爲之移轉而言。

債權讓與之契約，其當事人爲原債權人（卽讓與人）與讓受人。關於債權讓與契約之成立，祇須讓與人與讓受人兩方意思表示之合致，不以訂立書據爲必要，更無庸得債務人之同意。因債權人之變更，與債務人之義務毫無影響，債務人對甲淸償或對乙履行，均於其給付之義務無關也。我民法第二百九十七條一項所以定明「債權之讓與非經讓與人或受讓人通知債務人，對於債務人不生效力」者，蓋以債權之讓與，在未通知債務人以前，則讓與之事實，爲債務人所不知，則過有債務人於讓與後，仍向讓與人爲淸償時，則受讓人不得以債權讓與之事實對抗債務人。惟在讓與人與受讓人間，則自兩方意思表示之合致時，其契約卽已有效成立，非以通知債務人爲其契約成立之要件，不過未通知前，不得以其讓與契約對抗債務人而已。

債權得以契約爲讓與，在近代學者間已無異議。但亦非任何債權均得爲讓與，而絕無若何例外也。依我民法所定，則左列三種債權應認爲例外，明定不得讓與。

（二九四條一項）

（一）依債權之性質不得讓與者。

債權人之讓與其權利，須在不變更債之內容之限度內，前已述及，故債權之可得為讓與者，必其債權非着眼於債權人之一身，任由何人享有其權利絕無若何區別者，方得為之，若讓與之結果，必至變更債之內容，此種債權，當然不准為讓與。親屬法上之債權，多以債權人之身分為構成要素，即其性質上不得讓與者也。由僱傭契約或委任契約所生之債權，原則上亦不得為讓與。因身體健康名譽或自由被侵害所生之賠償損害請求權，亦係着重於被害人之身分之債權，故亦以不得讓與為原則。（一九五條二項）

（二）依當事人之特約不得讓與者。

性質上雖非不得讓與之債權，然如當事人間有不得讓與之特約者，則債權人應遵守其約定，自不得讓與於他人也。惟其特約若嗣後已廢除者，則自廢除日起，卽變成可讓與之債權，固不待言。

當事人間訂定不得讓與之契約，有無對抗第三人之效力？如違反其特約而爲讓與者，其讓與契約是否概屬無效？關於此，依民法所定，此種特約，不得以之對抗善意之第三人。（二九四條二項）可知讓受人如係不知情而爲讓受者，其讓與契約爲有效。若明知有不得讓與之特約而爲讓受者，自屬無效。

（三）債權禁止假扣押者。

禁止扣押之債權，多爲保護債權人本身所必不可少之需要而爲規定者。如果仍准予債權人任意讓與，卽不能貫澈立法上之本意也。

判例

債權之讓與，不以作成書據及通知債務人得其承諾爲契約成立之要件。（七年上字五〇一號）

師傅禁止學徒同街營業之權利，爲附隨於師傅名分之特權，倘非有師傅之子

亦應同論之習慣，祇得認爲及身而止，不能繼承或讓與。（四年上字一五八一號）

財產權之性質，通常雖可依讓與繼承等原因移轉於人，惟其權利之發生，係以相對人之身分爲條件，卽因維持當事人間於事實上所存在之特別關係者，除有特別法則外，自應認爲有專屬之性質，不能讓與繼承。（四年上字八一號）

債權之讓與，除有不得讓與之約定及執行律中規定不許扣押者外，均得讓與。（四年上字八二六號）

欲決定債權之性質能否讓與，視其爲債權發生原因之特別關係若何，應否債權人之特別行爲。至債權之標的是否支付金錢，於此毫無影響。（日本明治三十九年大審院判例）

委任契約，係以當事人相互間之信用爲基礎，由此所生之權利關係，有專屬的性質，不容有移轉之觀念。故無委任人之承諾，自不得以其權利讓與於第三人。

（日本大正二年大審院判例）

第二款　讓與人之義務

債權讓與，係依契約而爲之。此種契約，一經兩方（讓與人及受讓人）合意而即成立，不以訂立書據爲要件，亦無容得債務人之同意。惟受讓人欲行使其所讓受之權利，則必須有相當之證明，否則雖在讓與人與受讓人之間已有讓與之契約，而受讓人仍不能達到行使權利之實益。民法第二百九十六條所定，蓋爲讓受人便於行使其權利而爲規定。惟此僅爲便於受讓人而設，非債權讓與契約之成立要件，斯不可不辨也。

依民法第二百九十六條所定，原債權人爲債權讓與時，對於讓受人應盡下列之義務：

（一）應將證明文件交付於受讓人。

證明文件之作成，原爲證明債權之存在而設。債權既移轉，則附隨於債權之證明文件，自應隨同債權而移轉於受讓人，固屬當然之理。

（二）應告知關於主張債權所必要之情形。

如關於債權發生之事實，主張債權之理由，總之，凡係主張債權所必要之一切情形，讓與人均應告知於受讓人，庶使其權利便於行使也。

第三款　債權讓與之效果

債權讓與之契約，一經成立，則受讓人卽居於債權人之地位，而取得原債權人所享有之權利。故關於原債權之擔保及其他從屬於債權之權利，亦應隨同移轉於受讓人。（二二九五條一項）蓋此項權利，本係附隨於債權之從權利，債權本身既移轉，則其從權利自應同時移轉於受讓人，決無仍使原債權人佔有其從權利之理也。應隨同主債權而爲移轉之範圍，不僅爲質權抵押權等擔保權利，卽從屬於主債權之遲延利息請求權，未屆清償期之利息請求權，違約金之請求權等，亦均應同時移轉。惟與讓與人有不可分離之關係之從權利，不在此限。（二二九五條一項但書）因讓受人之取得其債權，不能害及讓與人所讓債權以外之利益。

在讓與時已生之利息而未支付者，究應歸原讓與人取得，抑應附隨於原本債權而同時移轉於受讓人？事實上不無疑義。依理論言，在債權讓與時應隨同主債權而爲移轉者，祇限於擔保權利及其他從屬於主債權之從權利。利息債權雖係由原本債權所產生，但已到期之利息，即脫離原本債權而成爲獨立之債權。故雖未現實支付，而其性質則已脫離主債權而獨立，如在當事人間別無約定，自不能認定應隨同主債權爲轉移。惟依我民法所定，則與此理論得一相反之結果，在第二百九十五條二項，明定未支付之利息，推定其隨同原本移轉於受讓人，其不當固不待言。但推定仍許反證，故當事人間如能證明事實上確非隨同原本而爲移轉者，應仍由讓與人取得其權利。

判例

債權之移轉，債務人與讓受人間不必另立約據，卽已發生權義關係。雖當時債務人之商號業經倒閉，然苟非該處商場確有倒號所負債務免利還本之習慣，或當事人已有停利歸本之特約，則債務人自應向債權讓受人依照原約履行，而不得藉口債權移轉，即不負支付利息之義務。（五年上字一〇二六號）

第四款　債務人之對抗權

債權讓與契約之成立，不以債務人之同意爲要件，故債權人與他人訂結移轉債權之契約時，往往爲債務人所不知，法律上爲保護債務人之利益起見，故於一定之條件內，賦與債務人以相當之對抗權，庶使債務人不致因債權讓與而受意外之損失。此種權利，得分爲兩種說明之：

（一）對抗讓與人之權利。

讓與人已將債權之讓與通知債務人者，縱未爲讓與或讓與無效，債務人仍得以其對抗受讓人之事由對抗讓與人。（二九八條一項）

讓與人與受讓人之間是否已爲債權之移轉，以及兩者間之讓與契約，是否有效成立，非契約當事人以外之債務人所能預知。讓與人既已將債權讓與之事實通知債務人，則債務人必信受讓人已取得債權而對之爲淸償，如果法律上不准債務人以對抗受讓人之事由對抗讓與人，是卽因讓與人之通知而使債務人受意外之損失，非所以保護債務人之道也。故法文明定由讓與人通知者，准予債務人得以對抗受讓人之事由對抗讓與人。若由受讓人爲通知，當然不在準用之列。

債權讓與之通知，對於受讓人亦生效力。通知之撤銷，與受讓人有直接利害之關係。故讓與人欲撤銷其通知者，須得被指名爲受讓人之同意。（二九八條二項）

（二）對抗受讓人之權利

債權讓與契約成立後，未通知債務人之前，其讓與契約僅於讓與人及受讓人之間發生效力，對於債務人不生效力。（二九七條一項）因債務人在未得通知以前，關於其債權之是否讓與無從預知，則債務人在債權已讓與後未受通知前仍對讓與人爲淸償者，其淸償爲有效。受讓人若以取得債權爲理由而更向債務人求償，則債務人得以未受通知爲拒絕之理由，因此時其讓與契約尙未能對債務人發生效力也。惟此祇於通常一般債權讓與時適用之，若法律另有特別規定讓與無容通知者，卽不得依此辦理。如指示證劵讓與時，卽無容經過通知手續，而債務人對受讓人卽負淸償之義務，是爲例外。

得向債務人通知讓與者，不限於讓與人，卽受讓人亦得爲之。又爲此通知時，不必定須用通知之方式，若受讓人將讓與人所立之讓與字據提示於債務人者，則雖未用通知之形式，實際上債務人已可知有讓與之事實，故與通知生同一之效力。（二九七條二項）

受讓人因債權讓與之結果，而取得讓與人之債權，債務人卽對受讓人負有淸償債務之義務，惟債權讓與，不得變更債之關係之內容，故債務人因債權讓與所受之影響，除應對之爲給付之債權人有所變更外，而其所負債務之內容，絕不因讓與之結果而受絲毫之影響。故債務人於通知時所得對抗讓與人之事由，皆得以之對抗受讓人。（二九九條一項）如關於債權成立不適法或有瑕疵，或雙方應同時履行，或無卽時給付之義務等等事由，凡債務人得用以對抗讓與人者，皆得用以對抗受讓人，此無他，法律上不能以讓與受讓人間之契約，致使契約以外之債務人受損也。

債務人於通知時對於讓與人有債權者，如其債權之淸償期先於所讓與之債權或同時屆至者，債務人得對於受讓人主張抵銷。（二九九條二項）依常理論，債務人對於讓與人之債權，祗能對讓與人主張抵銷，若准債務人將其對於讓與人之債權得對受讓人主張抵銷，是卽根本上不具備抵銷之要件，於理論上似不可通。惟讓與人與受讓人間之債權讓與，原則上不得害及債務人之利益，若無債權讓與之事實，則債務人對於原債權人有債權者，當然可對之與其所負債務互相抵銷，如因債權讓與之結果，卽不准將其對讓與人之債權對於受讓人主張抵銷，是債務人卽因債權讓與之結果而失去抵銷之利益，卽與上述之原則不能貫澈矣。故法律上於此不得不獨設例外，蓋爲貫澈上述之原理起見，使債務人不致因債權讓與而受損失，於理論上非不可通也。惟債務人主張抵銷時，須以通知時對於讓與人已有之債權爲限，且其債權之淸償期，須先於所讓與之債權或同時屆至者，方得爲抵銷之主張。因自己之債務，如其淸償期先於其所有之債權，則債務人本有先爲給付之義務，縱無債權讓與之事由，亦不能得抵銷之實益也。又債務人於債權讓與後對於讓與人取得之債權，縱其淸償期先於所讓與之債權或同時屆至，亦不得主張對受讓人抵銷。

判例

記名債權，除有特別習慣法則必須三面對明者外，以通知於原債務人，始得對於原債務人生對抗之效力，蓋（一）以保護債務人使其不致有意外之損失及其他不便情事。（二）以此種債權與無記名之債權等之有流通性質者不同，對於債權人等無庸爲過當之保護，故至少須依法通知而後始許發生對抗之效力。（四年上字三六四號）

債權讓與債務人於受通知以前發生之事由，除債務人對於債權讓與之事並無異議表示承諾，所有承諾以前之事由悉失其對抗效力，僅可對於債權人請求償還外，其對於債權人可以抗辯者，對於讓受人仍得主張。故凡以債權成立不適法或有瑕疵及抵銷免除等情事爲抗辯者，苟其事實發生在債務人受通知以前，則對於讓受人當然可以主張有效。（四年上字二六四號）

記名債權，除依債權之性質或當事人間之特約禁止讓與者外，其債權人皆得以契約讓與於第三人。其讓與若未通知或得債務人之承諾，則嗣後債務人若向原債權人淸償或對於原債權人有其他應行消滅債務之事由，可以與讓受人對抗。但債權之讓與，並非以通知承諾爲有效要件，苟債務人對於原債權人

並無清償或其他應行消滅債務之事，亦自不得對於眞正之讓受人拒絕清償。（四年上字九五四號）

讓與人若將債權讓與之證書交付於讓受人，並由讓受人給與債務人閱視，應視爲已有債權讓與之通知。（六年上字五〇一號）

債權之讓與，以通知債務人或得其承諾爲必要。惟有特別習慣法則及依該債權之性質無由通知者，（如無記名債權及指示債權等是）不在此限。（五年上字九三一號）

讓與債權之內容，依讓與契約而定，其通知之時期若何，於此不生影響。（日本大正四年大審院判例）

第三節　債務之承擔

第一款　債務承擔之性質

債權人既可於不變更債之內容之限度內，將其權利讓與於第三人，則第三人於不變更債之內容之限度內，承擔他人之債務，在理論上自無不可。因債務內容既無所變更，則由甲履行與由乙清償，固與債權之本身毫無影響也。我民法既承認債權讓與之制度，復規定債務之承擔，亦所以謀實際上之便利也。

按債務之移轉，有由於法律上之直接規定者，有由於當事人間之契約者，所謂債務之承擔，係專指後者而言。訂結債務承擔契約之當事人，不限於債務人與承擔之第三人，卽債權人與第三人，亦得締結承擔債務之契約。且依法律所規定，由第三人與債務人締結債務承擔之契約者，尚須得債權人之同意，方得對債權人發生效力。（三〇一條）否則其契約雖在債務人與第三人之間有效成立，但不能對債權人發生效力，卽債務人仍對債權人負淸償之義務，該承擔債務之第三人對於債權人不能直接發生權利義務之關係。若爲第三人與債權人所訂承擔債務之契約，一經合法成立，則原債務人卽脫離債務關係而由承擔人負其債務，債權人亦僅能對承擔債務之新債務人請求給付，不得再向原債務人求償。（三〇〇條）在立法上之理由，蓋以爲債權爲對人的請求權，債權人之權利將來能否得圓滿之給付，一視債務人之好壞以爲斷。如果債務人與第三人締結債務承擔之契約，直接能對債權人發生效力，則債務人儘可任意選擇毫無資力或絕無誠信之人承擔其債務，結果必使債權人之權利因之蒙不測之損害，故非得債權人之承諾，卽不能對債權人發生效力，蓋爲保護債權人之利益而設之規定。至債權人與第三人所訂之承擔契約，則承擔人之是否可靠，當必爲債權人所深悉，卽使將來受損害，亦係出於債權人之自願，至原債務人方面，則因承擔債務之結果免除其給付之義務，自可推知爲債務人之所願，故無庸通知債務人得其同意之表示，祇須債權人與第三人間之契約成立，其債務卽同時移轉於第三人（三〇〇條）也。

債務人與第三人訂結債務承擔之契約者，其結果能否對債權人發生效力，須視債權人之是否承認以爲斷。（三〇一條）在債權人未表示是否承認以前，則此項契約雖在債務人與第三人之間仍屬有效，而對債權人方面能否生效，即處於不確定之狀態中，此時債務人或第三人得定相當期間催告債權人是否承認，如逾期不爲確答，則視爲拒絕承認，（三〇二條一項）經拒絕承認之承擔契約，對債權人不能發生效力，固不待言。而在債務人與第三人之間，仍屬有效，不因債權人之拒絕而受影響。不過債務人或第三人（即承擔人）得於拒絕時，撤銷其承擔之契約耳。（三〇二條二項）

判例

承任債務，非經債權人同意，不能對抗債權人。故父所遺之債務，依法本應由其子分任償還之責，雖經官廳就諸子相互間訟爭案內斷歸一人償還，亦須經債權人同意或追認，始能生對抗之效力。（八年上字一六號）

子於其父生前所負債務，應分任償還之責。如諸子間締結契約將其應行分任之債務撥歸其中一人負擔者，依債務承任之法則，其對於債權人須經同意，始能發生效力。如果債權人知其承任契約而逕向承任之人請求淸償者，卽應認爲已經同意，承任債務人不得拒絕履行。（八年上字一三一二號）

凡與第三人之債權人約明該第三人不爲淸償由己代償者，爲保證契約。若承受第三人之債務將淸償之責歸諸自己者，爲債務之承任。（三年上字六五八號）

債務之承任，與債務之保證，其契約之性質效力，各有不同。蓋保證債務契約，保證人所負之責任，在約明主債務人如不履行債務時，代負履行之義務。而承任債務契約，承任人所負之責任，則在使債務人脫退債務關係逕由承任人負擔淸償之義務。故保證人對於債權人有先訴抗辯權，而承任則無此權利。（六年上字六九〇號）

債務之承任，若係第三人與債權人所爲者，則經第三人要約，債權人承諾，卽成

立承認契約。無論其債務人是否同意，曾否知悉，均非所問嗣後該承認人對於債權人卽應負淸償之責。（三年上字六五八號）

債務之承任，只須兩造同意，並非要式行爲。苟業已同意而確有證明者，則雖無書據，亦爲有效。（三年上字六五八號）

債務人之更易，於債權人甚有利害之關係，故第三人與債務人訂立承任之契約，非經債權人同意，不能發生效力。（三年上字七〇〇號）——本判決例與現行民法規定不同，姑錄之以資參考。——

第三人承任債務人之債務而經債權人同意者，應對於債權人發生效力，嗣後該債務人卽不負淸償之責。（四年上字一一五五號）

承任債務之契約，一經適法成立，原則上卽使原債務人脫退債務關係，逕由承任人對於債權人負淸償之義務。雖原債務人嗣後又有自行淸償之意思，苟非實行淸償，承任人更難主張負責。（六年上字一一二七號）

父債子還，係指父死後而言。若父尚生存，而其子已經分財異居，則除其子表示承任外，對於其父之債務，非當然負償還責任。（五年上字一〇〇四號）

第二款　承擔人之權利

債務承擔契約，僅使原債務人脫卸債務關係而由承擔人負擔其債務，其結果祇爲債務人之變換，非變更債之關係之內容。故債權人所得享受之權利，與未爲承擔前絕無二致。故凡原債務人因其法律關係所得對抗債權人之事由，承擔人亦得以之對抗債權人。（三〇三條一項）如債權成立不適法或有瑕疵或已因時效而消滅或雙方須同時履行等事由，承擔人均得用以對抗債權人。但承擔人因其承擔債務之法律關係所得對抗債務人之事由，不得以之對抗債權人。（三〇三條二項）如第三人甲承擔債務人乙之債務，其承擔原因，則以債務人乙允予先給付甲報酬若干元。此項給與報酬之特約，雖在甲與乙之間有效成立，但甲僅能以該特約對原債務人乙主張，不得以本於該特約所生之事由對抗債權人。

卽使原債務人乙不給付甲（卽承擔人）以報酬，而承擔人甲仍不能不對債權人負淸償之責。蓋以此項特約，係第三人與債務人兩方所生之事由，既非由於原債務人與債權人間因原債務關係所生之事由，自不得以此對抗債權人。

債務人如對於債權人有債權而合於抵銷條件者，債務人自得主張抵銷。但在債務承擔以後，原債務人既脫離債務關係而由承擔人代負其責，則承擔人不得以屬於原債務人之債務向債權人主張抵銷。（三〇三條一項但書）因債務人對於債權人所有之債權，非承擔人所能加以處分，且與抵銷之要件不符也。

判例

承任契約，係爲債務人之利益而設，其主旨在使債務人免其責任。故承任人一經訂立契約之後，卽不得不居於債務人之地位而爲之淸償。至債務人與承任人間之承任原因，則與承任契約之效力無關。蓋承任原因如何，祇能對於債務人主張，不得以之對抗債權人故也。（四年上字五五四號）

第三人向債權人約明承任債務人之債務者，因該承任契約之效力，對於債權人卽應負履行之責。至該第三人因承任債務由原債務人所取得之對待給付如何，本與債權人無涉。除經特別約明以受領該項對待給付爲承任契約之停止或解除條件外，不得以未受報酬爲理由，對於債權人拒絕履行。（七年上字一〇三三號）

承任人得本於債權人與原債務人間法律關係之抗辯，以與債權人相對抗。（八年上字七三三號）

第三款　債務承擔之效果

債務承擔之結果，既於債之內容毫無變更，則債權人之權利，自不致因此而受影響，故凡從屬於債權之權利，不因債務承擔而妨礙其存在。（三〇四條一項）但其從屬權利如與債務人有不可分離之關係者，則在債務人既脫離債務關係以後，事實上自不能繼續存在，此第三百零四條一項所以又有但書之規定也。

第三人就債權所爲之擔保，無論爲物的擔保或信用擔保，在第三人所以願於擔保之原因，無非爲信用債務人而出此。債務承擔之結果，債務人既已脫卸其責任，而由承擔人負擔其債務，則第三人原爲之擔保，即應因此而消滅。因擔保既爲信用債務人而爲之，債務人既變更，則法律上不能推定該第三人對於承擔人亦有同樣之信用也。惟如債務之承擔已爲該第三人所承認者，則其擔保不因此而消滅。（三〇四條二項）因此時可以推知該第三人對於承擔人亦有相當之信任也。

第四節　概括的承受

債務之承擔，爲事實上所常有，我民法已有詳密之規定。至概括的承受，雖不若債務承擔之普通，然實際上亦非絕無其例。爲應事實上之需要起見，法律上自不能不予以相當之規定。我國舊民律草案，除規定債務之承任而外，不設其他規定現行民法特倣最新立法例，增入概括的承受之條文，雖規定甚簡，然較之草案之付諸闕如者，固已見完備矣。

概括的承受，從實質上言，亦爲債務承擔之一種。不過（一）債務承擔祗限於某項特種之債務，而概括的承受，則就他人一切之負債而承受之。（二）債務承擔祗承擔他人之債務，而概括的承受，則包括資產及負債而一同承受之。（三）債務承擔之結果，原債務人完全脫退其債務關係，學說上所謂免責的債務承擔是也。至概括的承受，原債務人仍須於一定期間內與承受人負連帶之責任，學說上所謂重疊的債務承擔是也。（四）依債務承擔之規定，債務人與第三人訂結債務承擔之契約者，非經債權人承認，不得對債權人發生效力，而在概括的承受，祗須承受人對於債權人爲承受之通知或公告，卽生承擔債務之效力，（三〇五條一項）此兩者之不同點也。

承受他人之財產者，同時是否當然承受其負債？換言之，一人之財產移轉於他人時，其負債是否亦當然附隨其財產而移轉於承受人？關於此，各國立法例尚不一致。有規定承受他人之財產或營業當然應負擔其債務者，有規定債權人以承受人所承受之財產爲限得向承受人行使其債權者，我民法第三百零五條一項不曰：「承受他人之財產或營業者，對於債權人生承擔債務之效力。」而曰「就他人之財產或營業概括承受其資產及負債者，因對於債權人爲承受之通知或公告而生承擔債務之效力。」可知承受他人之資產者，必須同時亦承受其負債，並對債權人爲承受負債之通知或公告，而後方生承擔債務之效力若僅承受他人之資產，則他人之債務，並非當然亦隨同移轉於承受人，觀之法文所定而可知也惟有疑及如此規定，則債務人負債太多不足清償所負時，儘可將資產使他人承受之，而不使負承擔債務之責任，則債權人之權利，必將因此失其擔保，致無可行使，似於債權人之保護有所不足也不知債務人果有利用此種方法致害及債權人之利益者，則權利人儘可依債權保全之規定行使廢罷權，使其資產復歸於原主，法律上亦非無救濟之道，固不得謂爲立法上之不當也。

債務承擔之結果，祇有承擔人對債權人負責，而原債務人則完全脫離債務關係。至概括的承受之結果，在承受人固應對債權人負清償之義務，而原債務人仍不能因有人承受而完全脫離其負債之責任。故對於到期之債權，自對債權人爲承受之通知或公告時起，二年以內與承擔人連帶負其責任。未到期之債權，自到期時起，二年以內與承擔人負連帶之責。（三〇五條二項）法律上所以仍令原債務人負責者，因概括的承受，祇須對於債權人爲承受之通知或公告，卽生債務承擔之效力，非若第三人與債務人訂結債務承擔之契約時，須經債權人承認方對債權人發生效力也。如果遽使原債務人完全脫退其債務關係，則債權人之權利卽難免不因此受損也。又法律上所定期間，有時效期間與預定期間之別，前已言之。預定期間，係法律上所定行使權利之固定期間，非如時效期間之得因中斷或停止等事由而延長，故一經過期，其權利卽絕對消滅。法文所謂「二年以內與承擔人連帶負其責任者，」此二年之期間，依其性質，自係預定期間之一種，故債權人祇能於此二年以內得向原債務人行使求償權，一經逾期，則原債務人卽絕對不負責任，而應由承受人單獨負其義務。

營業合併，爲商場中所恆見。凡甲營業與乙營業合併而互相承受其資產及負債者，卽甲營業承受乙營業之資產及負債，乙營業亦承受甲營業之資產及負債者，其辦法與概括的承受同。其因甲乙兩營業之合併而成立之新營業，對於甲乙兩營業之債務負其責任。（三〇六條）

第七章　債之消滅

第一節　總論

債之消滅者，謂因一定之事由使已發生之債之關係客觀的失其存在之謂也。其與債之移轉之不同點，卽在債之移轉時，僅爲當事人之替換，而非消滅債之本體，不過脫離原來之當事人而移轉於新債務人或債權人而存續，非客觀的消滅其債權債務之關係。至債之消滅，則不僅使原債務人及債權人脫離債權債務之關係，且使其債之本身客觀的消滅而失其存在，此兩者之異點也。

依現行民法所定，債之消滅之原因有五，卽淸償提存抵銷免除及混同是也。在他國立法例，多有認更改亦爲債之消滅之原因者，惟更改係以新債務之發生爲原因而使舊債務消滅，其舊債務之消滅，係以新債務之發生爲前提，新債務如不發生，舊債務亦不消滅，故其結果，雖一方足以消滅舊債務，而另一方面則又爲新債務發生之原因，究不能認其爲單純之債之消滅。且更改制度，原爲羅馬法以來遺留之殘影，在不認債權讓與及債務承擔之國家，固不得不藉更改以爲救濟，若在明認債權讓與及債務承擔之立法例，則更改之爲用殊尠，事實上幾等於虛設，故不若不設規定而委諸契約之自由，此在德國立法上已開其先例，我國現行民法既明認債之移轉，故不採更改之制度，蓋倣世界最新之立法例也。

債之消滅之原因，除上述數種外，其餘散見於其他條文中而可認爲債之消滅之原因者，亦不乏其例。如法律行爲之撤銷，（一一四條）解除條件之成就，（九九條二項）終期之屆滿，（一〇二條二項）消滅時效之完成（一二五條以下）等，已於總則中設有規定，至契約之解除，（二五條以下）亦已於他節中設有明文，故均不屬本章研究之範圍。

債之關係既經消滅，無論其消滅之原因屬於何種，而其債權擔保及其他從屬之權利亦同歸消滅。（三〇七條）蓋擔保之目的，原爲確保債務之履行而設，債之關係既經消滅，則擔保之目的已不存在，自應隨同債之關係而同歸於消滅也。至其他從屬之權利，如利息請求權等，均係從屬於主債權而存在，其命運之存亡，一以主債權之存亡爲準，主債權既已消滅，則此項從權利卽無所附麗，自無獨立存在之理也。惟已發生之利息債權，其性質已脫離原本債權而獨立，故不因主債權之消滅而失其存在，斯不可不辨也。

債之關係之發生，往往由債務人書立負債字據交與債權人以爲證明，債之關係既已消滅，則此項字據已失其作用，故債務人得請求返還或塗銷之，以免生意外糾葛。惟債之關係如僅一部消滅，則其他未消滅之部分，仍需字據之證明，或債之關係雖已全部消滅，而該項字據中載有債權人他項權利者，則債務人自不能請求返還或塗銷其字據，祇能請求債權人將銷滅之事由記入字據（三〇八條一項）以代之。

負債字據如已毀損滅失或因其他事由不能返還或該項字據不能記入消滅債務之事由者，亦爲事實上所常有。如遇債權人有此種主張時，則法律上不能强人以不能，但爲證明債務已消滅起見，規定債務人得請求債權人作成債務消滅證書，聲請債務履行地之法院公證人警察官署商會或自治機關簽名蓋印，（三〇八條二項施行法九條）即所謂公認證書是也。作成此項證書之費用，除當事人有特約外，應由債權人負擔，因此原爲債權人應盡之義務也。

第二節　清償

第一款　清償之性質

依債之本旨實現債務內容之行爲，謂之清償。蓋債權爲對人的行爲上之權利，清償者，卽依其債之關係之內容實現其行爲或不行爲以達債權本來之目的者也。故債權人之權利，一經清償，卽因達其本來之目的而歸於消滅，此清償之所以亦爲債之消滅之一原因也。

清償是否爲法律行爲，學者間向有異說。有主清償爲法律行爲者，其中復可分爲三說：（一）契約說。謂清償時債務人必須有爲清償而給付之意思表示，債權人亦必有爲清償而受領給付之意思表示，因兩造意思表示之合致而後成立，故清償除給付行爲以外，成立清償契約。（二）單獨行爲說。謂清償祇須債務人方面有爲清償而爲給付之意思表示至債權人方面，則不以有爲清償而受領之意思爲必要，故清償應認爲債務人之單獨行爲。（三）折衷說。謂清償如不作爲債務單純勞務等無須債權人受領者，爲單獨行爲，如需債權人之受領者，則爲契約，此法律行爲說之大略也。惟自實際上觀察，債務人之清償，多有無須債權人之協力者，如不作爲及單純勞務之債務其最著者也。若概認清償爲債權人與債務人兩方之契約，顯與事實不符，是契約說之不當，固無疑義。單獨行爲說，雖謂債權人方面無須有爲清償而受領之意思表示，然猶認債務人方面必須有爲清償而給付之意思，不知在不作爲債務，祇須債務人於一定期間內有消極不作爲之事實，而其債務即應認爲已經清償。禁止同業競爭之契約，祇須債務人於約定期間未爲同樣之營業，而其債之關係即歸消滅。不但在債權人方面無容有爲清償而受領給付之意思表示，卽債務人方面亦無須有爲清償而爲給付之意思表示。若依單獨行爲說，則負擔繼續不作爲之債務者，必須刻刻表示爲清償而爲給付之意思，依契約說，則債權人亦必須時時不斷表示其爲清償而受領給付之意思，非特實際上不勝其煩，且理論上亦不可通。至折衷說形式上雖似較進步，然其區分無須債權人受領與必須債權人受領之淸償，而分別認爲契約與單獨行爲，其錯誤亦正與契約說及單獨行爲說同，故亦不足採。法律行爲說既不足採，則淸償應認爲非法律行爲，固無庸疑。蓋淸償爲債務內容之實現，祇須債務人之行爲或不行爲在事實上已適合於債務之內容，卽應認爲已經淸償，如不作爲債務祇須債務人不爲其行爲，卽爲債務內容之實現，而其債務關係卽由此歸於消滅。至債務人有無爲淸償而爲給付之意思表示，及債權人有無爲淸償而爲受領之意思表示，均可不問。故給付行爲，雖有契約單獨行爲事實行爲之別，而淸償之本身，則概非法律行爲，此近代一般學者之主張所同也。

第二款　淸償人

淸償人原則上爲債務人，債務人之代理人，當然得代之爲淸償而與債務人自爲淸償生同一之效力。此外凡對債務之履行有利害關係之第三人，亦得對債權人爲淸償雖在債務人方面表示異議時，債權人亦不得拒絕受領，否則債權人卽應負受領遲延之責。（三一一條二項）所謂就債務之履行有利害關係之第三人，例如爲他人之債務，而於自己所有物上設定質權或抵押權人，於債務淸償以後，則其所有物上之質權抵押權卽可消滅而回復其原狀之類是也。卽無利害關係之第三人，亦得淸償他人之債務，在債務人方面，既可因第三人之淸償而免其債務，於己固有利而無損；在債權人方面，無論爲債務人之淸償或第三人之淸償，均可完全達其本來之目的，初不因淸償人之爲何人而有若何之區別。故第三人之爲淸償，既無害於債務人，亦無損於債權人，法律上自無禁止之理也。（三一一條一項）債權人對於第三人之淸償若無故拒絕受領或不能受領者，亦與通常給付同應負遲延受領之責任。惟債務人若對第三人之淸償表示異議者，則爲尊重當事人之意思起見，准予債權人得拒絕受領，不負受領遲延之責。（三一一條二項）但債務人雖聲明異議，而債權人仍然受領者，亦自能發生淸償之效果，而使其債之關係歸於消滅。因法文明定債權人得拒絕受領，故拒絕與否，屬諸債權人之自由。

債務之得由第三人爲淸償者，必其債務之履行，由甲由乙，均與債之內容無關者而後可。否則，無論第三人對於債務之履行有無利害關係，概不得由第三人爲之淸償。債務之性質有不能由第三人爲淸償者，例如梅蘭芳或程豔秋對於某舞臺負擔演劇之債務，卽係以債務人一身特有之技藝爲要素，非債務人以外之第三人之給付所能達其目的，卽性質上不得由第三人淸償之債務也。通常委任契約，亦係信任債務人之本人，故亦爲性質上不得由第三人淸償之債務。此外性質上雖不妨由第三人爲淸償，而當事人之間有特約訂明不得由第三人淸償者，亦應遵守其約定，（三一一條一項但書）不待言也。

第三人淸償他人之債務後，對於債務人能否取得求償權，應視其與債務人間之法律關係而定。如第三人之爲淸償係出於贈與者，不得於淸償後復對債務人行使求償權，固不待論。若就債之履行有利害關係之第三人爲清償者，則其清償之目的，原爲保全其自己之利益，故於其清償以後，就其清償之限度內，原債權人之權利，應卽移轉於第三人，故清償人得以自己之名義代位行使原債權人之權利，但應受一限制，卽不得有害於原債權人之利益是也。（三一二條）例如保證人祇爲一部之清償，而債務人之財產不足完清其全部債務者，則原債權人關於其未受清償部分之債權，得優先受清償，保證人不得以其所取得之權利與原債權人相競爭。

代位行使之性質如何，學說上雖不一致。但依吾人所信，應認爲法律上的債權之移轉，其效力與債權讓與同。故關於債權讓與之規定，有時亦準用之。（三一三條）凡代位行使權利，非經債權人或代位人通知債務人，對於債務人不生效力。代位人將債權人所給與之受領證書提示於債務人者，與通知有同一之效力。又債務人於受通知時所得對抗債權人之事由，皆得以之對抗代位人。債務人於受通知時對於債權人有債權者，如其債權之清償期先於代位行使之債權或同時屆至者，債務人得對於代位人主張抵銷。（三一三條及二九七條二九九條）

判例

債務之清償，不必由債務人自向債權人爲之，卽委他人爲清償，未嘗不可。（三年上字八〇五號）

第三款　清償之受領人

清償應向有受領權人爲之，如向無權受領人爲清償，無論其是否出於故意或過失，在原則上概不能認爲有效，而對於債權人仍不能不負清償之責，不待言也。依法有受領權之人，原則上爲債權人，債權人之代理人，亦爲有受領權之人。清償人依債務之本旨向有受領權人爲清償而經其受領者，則債之關係歸於消滅。（三〇九條一項）如債權人對於合法之清償拒絕受領或不能受領者，則法律上僅生受領遲延之問題，而當事人間之債之關係仍不消滅，不過清償人於受領遲延時得將其給付物依法提存以代清償，一經合法提存，不問債權人受取與否，即與已經清償生同一之效果。

債務既經清償，恆由債權人出具收據以爲證明，在通常情形，債務之清償，往往與債權人之收據相交換，債務人如取得該項收領字據，即可證明其債務業經消滅。故凡持有債權人簽名之收據者，則債務人必信該持有人爲有受領權人，法律上爲保護交易上之安全起見，不問持有人是否有受領之權，亦不問其取得收據，是否出於正當，概視爲有受領權人。清償人對此等人爲清償者，與向眞正有受領權人爲清償同。惟持有人之字據，須眞正出於債權人所簽名者方可，若係出於持有人之僞造，縱令誤信爲債權人所出而對之爲清償，亦不得發生清償之效力，而對於債權人仍不能不負清償之責。此無他，因債權人之權利，不能因他人之詐欺行爲而受損失也。又法律上所以視持有人爲有受領權人而使清償人對之所爲之清償亦生效力者，原爲保護善意且無過失之債務人而設，故如債務人已知持有人無受領權而仍對之爲清償，卽係具有惡意，或雖不知其無權受領，而其不知係出於疏忽者，卽係債務人自己之過失，此時債務人對於持有人所爲之清償，不能發生效力。（三〇九條二項）因法律上無保護惡意或有過失之債務人之必要也。

向無權受領之第三人所爲之淸償，縱經其受領，原則上當然不能發生效力。除得本於不當得利之規定向該收受之第三人主張返還外，債務人對於債權人仍不能免除清償之義務。惟具有左列各款情形者，（三一〇條）則法律上認爲有清償之效力，是爲例外。

（一）經債權人承認或受領人於受領後取得其債權者，有清償之效力。依民法所定，無權利人之行爲經權利人之承認而發生效力者，不乏其例。無權代理人所爲之代理行爲，經本人承認者，亦與有代理權生同一之效果。（一七〇條一項——代理權性質上並非權利不可因此誤會）無權利人就權利標的物所爲之處分，經有權利人之承認者，與有權處分生同一之效力。（一一八條一項）受領清償，雖非權利之處分，（學者尙有異說）然無權受領人之受領清償，在債權人既自願承認，本諸一般原則，自應認其受領有效，而使生清償之效力，庶合於當事人之本意。又受領人在受領當時雖屬無權受領，然若於受領後已取得其債權者，即成爲有權受領人，自不妨追認其先前受領之效力，庶便於實際且於事無損也。所謂於受領後取得其債權者，如於受領後因債權人之讓與或因承繼等原因而取得其債權之類是也。

（二）受領人係債權之準占有人者，以債務人不知其非債權人者爲限，有清償之效力。

非債權人而行使債權人之權利者，謂之債權之準占有人。故準占有人以行使權利人之權利爲要件，若僅持有債權證書而未爲債權之行使者，不得遽認爲債權之準占有人，準占有人既非眞正之債權人，亦非其他有受領權人，則債務人對之所爲之清償，依常理論，似不能發生清償之效力。惟準占有人之行使債權，在債務人方面必誤信其爲眞正之權利人而對之爲清償，爲維持交易上之安全及保護善意之債務人起見，不得不設例外規定，而承認其清償爲有效。惟條文明定以債務人不知其非債權人者爲限，若債務人明知其非債權人而仍對之爲清償，則法律上無保護之必要，其清償應爲無效，更不待言。

（三）除前二款情形外，於債權人因而受利益之限度內有清償之效力。

清償人向無權受領之第三人爲清償，固以無效爲原則。然如債權人因其清償而受有利益者，則於其受益之限度內使生清償之效力，對於債權人既無所損，對於清償人復免去往返之勞，實有利無弊之辦法也。所謂債權人因而受利益者，例如債權人承繼受領人所受領之給付物或受領人將其所受領者移交全部或一部於債權人者是也。

判例

債權之成立，由於特定人間之法律關係，故履行債務，（卽淸償）應對於債權人爲之。（三年上字一九七號）

關於債務之履行，有特約者，債務人須依特約所定向有受領權人提出給付，始生淸償之效力。（四年上字二三二一號）

凡因淸償而向第三人爲給付者，以經由債權人承諾或追認爲限，有淸償之效力。（三年上字一〇二二號）

凡淸償債務，須向債權人或有收受淸償債權之人爲之。違者非經債權人追認或債權人已實受其利益者，不能生消滅債務之效力。（五年上字三一一號）

債務人淸償債務，依法應直接向債權人爲之，不容僅以曾將還債之資交付保證人而不問債權人是否實受利益，遽認爲有效之淸償。（七年上字一三一一號）

債權之淸償，應向債權人或其代理人行之。不得以款已交由自己經理人支付，卽可謂債權人業已受償。（五年上字二一六號）

對於債務人請求淸償，必其自身依法享有債權之人或自身無債權而爲債權人所委任之人，否則無領受淸償之權限，自無向債務人請求淸償之權。（四年上字二二一七五號）

債權扣押命令並轉付命令之送達以前，對於債權準占有人善意所爲之淸償，是屬有效。（東京大正四年東京控訴院判例）

對於債權準占有人之淸償，不須淸償人之無過失，故定淸償效力，不問其過失之有無。（日本明治二十八年大審院判例）

第四款　淸償之時期

關於債務淸償之時期，得分爲左列諸項說明之：

（一）決定淸償期之標準。

依民法所定，（三一五條）關於淸償之時期，如法律有特別規定者，從其規定；當事人間如以契約訂定淸償期者依其契約；依債之性質亦有可以決定淸償期者，例如定印賀年片，依其性質，可知必須於新年前淸償是也。或依其他情形亦可決定淸償期者，如由遺囑所生之債，在其遺囑內定有淸償期是也。

債之淸償期，如不能依上述標準決定者，則債權人隨時得請求淸償，債務人亦得隨時爲淸償。（三一五條）惟於此有應注意者，卽行使債權，應依交易上之誠實及信用之方法爲之。雖在法律上規定隨時得請求履行之債權，亦必須依其事件之情勢，而多少賦與淸償人以準備給付之時間，非謂無論何種情形，債權人均得於債之關係成立後，立刻卽可請求履行也。例如隨時向酒館叫菜，店主既承諾後，是兩方之債之關係業經成立，但叫菜者仍須使菜館留有相當燒菜之時間，而後方可請求給付，若於店主承諾後，立刻卽請求交菜，卽有背於誠實及信用之方法矣。

（二）確定期限與不確定期限

清償期屆至之時期，有依債之性質或當事人之特約而絕對的確定者，如向酒館約明於本年元旦日宴客之類是也。清償期之到來雖屬確定，而其到來之時期有不能確定者，如定於某甲死亡時爲清償期之類是也。前者稱爲確定期限，後者稱爲不確定期限。

（三）債權人得請求清償之時期。

清償期通常係爲債務人之利益而設，債務人雖可拋棄其利益而於期前爲清償，而債權人要無於期前請求清償之權利。（三一六）故債權人得請求清償之時期，除依法律規定隨時得請求清償之債外，（三一五條後段）非至清償期屆至時，不得爲之。

（四）債務人得爲清償之時期。

債務人於債之關係發生後，隨時得向債權人爲清償。蓋清償期通常均爲債務人之利益，債務人既自願拋棄其利益而於期前爲淸償，則法律上自無禁止之理也。

期前淸償，既係出於債務人之自願，債權人縱因此而受有利益，債務人亦不得於給付中主張扣除，故於期前淸償無利息之債務者，債務人不得扣除自淸償時起至淸償期止之利息，卽學者間之所謂中間利息者是也。在我國舊民律草案於此定有明文，現行民法雖未規定，然解釋上固應若斯。

債務人得於期前爲淸償，祇於通常情形適用之，如當事人間有反對之意思表示時，不得爲之。因淸償期亦有時爲債權人之利益，既有反對於期前淸償之表示，自不能仍令債務人任意於期前淸償也。又依債之性質，亦有非於一定期間爲淸償卽不能達其本來之目的者，債務人亦不能於期前淸償其債務。例如在天氣炎熱之夏天，向酒館定菜於某日請客，若許債務人於期前爲淸償，則到請客之期，其菜必已腐爛不堪再用，自不許債務人於期前淸償也。

（五）債務人應爲清償之時期。

應爲清償之時期與得爲清償之時期，應區別之。前者乃依法不得不爲清償之時期，債務人如應清償而不爲清償，則法律上使負給付遲延之責任。至得爲清償之時期，卽債務人可得清償之時期，提出清償與否，屬於債務人之自由，債務人如自願提出清償，亦爲合於債之本旨之履行，債權人如拒絕受領，卽生受領遲延之問題，若未至得爲清償之時爲清償，雖合於其他條件，仍爲不依債之本旨之提出，債權人本得拒絕受領；不生受領遲延之問題，故兩者效果不同，不可不辯也。

凡定有清償期之債務，一經到期，卽應爲清償。無定期之債務，得自債權人催告時起，應爲清償。附有條件及期限之債務，自條件成就或期限屆至時，應爲清償。如逾應爲清償之時期而不爲清償，則債務人應負遲延之責任。

判例

所立興隆票，載明該款八百元，面約俟興隆之日支淸。按其性質，係屬不定期之債務。興隆二字，雖無一定之標準，而要以債務人有無償還之資力以爲斷。（四年上字二二八六號）

債權人應許債務人展緩債務履行之期而未定有展緩之期間者，則經過相當期間後，債權人再向之請求履行時，債務人卽須應其請求以爲履行，不能以曾經允許展緩，卽可拒絕其請求。（三年上字八七八號）

未定期限之金錢債務，一經債權人催告償還，債務人卽應負淸償之責任。（四年上字一六號）

有期限之債務，債務人雖得於期前爲給付，而不得過期不給付。（三年上字四六三號）

債務淸償之展期，本純屬債務人之利益，故債權人無論在審判上或審判外，苟表示允與展期之意思，則不待債務人之承認，自可發生效力。（四年上字一九

六八號）

消費貸借之當事人，預期不確定事實之發生，約明該事實發生時履行清償義務者，應認當事人之意思係在該事實發生時或該事實之發生已不能時，當履行清償義務。（日本大正六年大審院判例）

約定以債務人婚嫁或分家之時爲履行之時期者，應解爲就債務人之履行定有不確定期限，非使債務之消滅繫於條件。若分家或婚嫁之事實未發生而債務人死亡，卽應認其死亡之時爲履行期到來之時。（日本大正四年大審院判例）

第五款　淸償之處所

淸償之處所，卽債務之履行地，亦稱履行地或淸償地。債務之淸償，應於履行地爲之，否則，卽係不合於債之本旨，債權人得拒絕受領。

決定債務之履行地，亦如決定淸償期同，其標準如左：

（一）依法律之特別規定或當事人之契約或習慣或債之性質或其他情形而決定之清償地。（三一四條）

法律上對於清償地有特別規定者，依其規定。例如買賣契約中標的物與價金應同時交付者，其價金之給付，應於標的物之交付處所爲之。（三七一條）當事人如以契約訂明履行地者，自應依其約定。交易上之習慣，有一定之清償地者，依其習慣。如商家賬目往來，往往均於營業所交付是也。有依債之性質，必須於一定地址爲清償者，如交付房屋或其他不動產是也。或依其他情形可以決定清償地者，如由遺囑所生之債，在遺囑中定明履行地是也。

（二）債之清償地，如不能依上述標準決定者，則法律上之一般標準如左：（三一四條）

（甲）以給付特定物爲標的者，於訂約時其物之所在地爲之。

債之清償，如以特定不動產爲給付者，自非於該不動產所在地爲之，事實上卽不能爲淸償，此因依債之性質而可決定淸償地者也。卽以特定之動產爲給付物者，在當事人間旣無特約定明淸償地，又無從依其他標準決定，亦以訂約時其物之所在地爲淸償地爲當。因物之所在地，爲當事人所熟知。以之爲淸償地，最合於當事人之本意及事物之性質也。

（乙）其他之債，於債權人之住所地爲之。

關於淸償地之立法例，各國頗不一致，有採債務人住所地主義者，有採債權人住所地主義者，此兩種主義，孰優孰劣，學說上尙有爭執。我民法規定於不能依其他標準定淸償地時，於債權人之住所地爲之。

判例

當事人間未定給付地之金錢債務，不以契約成立當時之債權人住所爲給付地，乃以債權人現時之住址地爲給付地。（日本明治三十七年東京地方裁判所判例）

例）

債權讓與時，以新債權人之住址地爲給付地。（日本大正二年東京控訴院判貸金債務之給付地，雖爲債權人之住址地，然約明由債權人將擔保貸金之質物送至債務人住址地與該質物引換之時，卽應解爲已將貸金債務之給付地，變爲債務人之住址地。（日本大正元年和歌山地方裁判所判例）

第六款 清償之費用

債務之清償爲債務人應盡之義務，故因清償債務所生之費用，除法律有特別規定或當事人以契約另有訂定外，原則上應由債務人負擔。（三一七條）但左列兩種情形，則爲例外，法文特別定明應由債權人負擔。

（一）因債權人之住所變更致增加清償費用者，其增加之費用，由債權人負擔。例如以債權人住所地爲清償地之債務。在債之發生時，債權人之住所距債務人甚近，其後因債權人遷居致兩方距離甚遠而運送給付物之費用增加時，關

於其所增加之數額，由債權人擔負。（三一七條但書）

（二）因債權人之其他行爲致增加淸償費用者，其增加之費用，由債權人負擔。（三一七條但書）例如因債權讓與之結果，致淸償費用增加時是也。

上述兩種費用所以應由債權人負擔者，因此項費用之支出，係由於債權人一方之事由所致。倘債權人不變更其住所或無其他之行爲，則此項費用卽無由發生。如仍令債務人負擔，卽與公平之原則不符也。惟應由債權人負擔之費用，祗限於因債權人一方之事由所生者爲限，至原來淸償所必要之費用，依一般原則，自仍應由債務人負擔，不待言也。

第七款　淸償之方法

淸償應依債務本旨而爲之，（三〇九條一項）否則債權人得拒絕受領，而其債務仍不能消滅。故債務人之提出淸償，必須適合於債務之內容，並依淸償期於淸償之處所向有受領權人爲之。凡債之標的如爲不可分者，債務人當然應爲一次全部之淸償，卽在可分給付，債務人亦無爲一部淸償之權。（三一八條一項）債務人如僅提出一部分之給付者，債權人得拒絕受領而請求爲全部之履行。（二二七條）又債務旣到期後，債務人卽負有卽爲淸償之義務，非經債權人允許，卽不得主張緩期淸償，此固本於理論上當然之結果。△惟債務人多爲經濟上之弱者，因境遇困難而不能一次爲全部之淸償或無力卽時淸償者，實居多數。若不問債務人之境遇如何及債之性質如何，一經到期，遽令債務人卽時爲全部之淸償，雖足以保護債權人之利益，而對債務人究嫌太苛，此我民法所以於第三百十八條一項特設但書之規定，使法院得斟酌債務人之境況，許其於無甚害於債權人利益之期限內分期給付或緩期給付。給付爲不可分者，亦得比照此種規定許其緩期淸償。（三一八條一項但書及同條二項）如此旣不甚害及債權人之利益，而債務人方面則受惠實多，蓋爲債務人之利益而特設之規定也。惟適用時法文明定須斟酌債務人之境況並限於無甚害於債權人利益之限度內，方得爲之。若債務人本有卽時爲全部給付之能力，而故爲拖延，法院自無容許其分期或緩期淸償。或其債之性質有非於一定期間爲全部之給付卽不能達其債之目的者，則雖在債務人境遇窘迫時，亦不能爲准許分期或緩期之判決，不待言也。

債務人之淸償，須依債之內容，提出原定之給付物。如以他種給付代替原定之給付，卽係違反債務之本旨，債權人得拒絕受領而請求交付原定之給付物。惟債權人如自願受領他種給付以代原定之給付者，既於債務人有利，而於債權人亦無所損，則法律上自不妨承認其有淸償之效力，使其間之債之關係由此歸於消滅，此代物淸償之制度所以爲各國立法例所認許者也。（三一九條）

淸償人以他種給付代替原定之給付，惟在債權人願意受領時，方生淸償之效力。如債權人不願受領，縱使提出他種給付，於債權人方面有利而無弊，亦不能强令債權人以必受，因債務人本無爲代物淸償之權利也。

第三人得爲代物淸償與否，學者間之主張雖不一致，惟淸償既得由第三人爲之，則第三人以他種給付代替原定之給付，苟經債權人自願受領者，自亦應同樣生清償之效力，此固理論上當然之結果。卽性質上原不能由第三人給付之債務，如債權人自願受領第三人之他種給付以代原定之給付者，亦生清償之效力。

代物清償之性質如何，學者間之見解不一。有認爲單純之清償者，有認爲更改者，有認爲有償契約之一種者。惟清償須給付原定之標的物方足以消滅其債務，而代物清償則爲原定標的物以外之給付，其不能謂爲單純之清償，固無庸疑。更改之說，要亦不甚近理。因代物清償爲現實的他種給付，而更改則僅變更債之標的，而非現實之給付。且更改之結果，舊債務雖消滅，而新債務又發生，至代物清償以後，則當事人間之債之關係已毫無殘留，是兩者之性質，亦不能相提並論也。依吾人所信，應以最後說爲當。

代物清償既與清償生同一之效力，則爲代物清償以後，債權人之權利及其他從屬於債權之權利，當然因此同歸於消滅，此固毫無疑義者。惟其所受領之他種給付物或權利，如有瑕疵，則債權人究有何種救濟辦法，實爲學者間聚訟之難題。有主張債權人仍得請求原定之給付者，有主張得請求損害賠償者，然代物清償之受領，係出於債權人之自願，債務人之債務，旣因代物清償而消滅，則債權人更何從再主張請求原定之給付，卽請求損害賠償，亦於理論上不甚適當。在民律草案，於此時明定：清償人就其給付物或其權利之瑕疵，與賣主負同一擔保之責任，（舊草案四三六條）德民法亦有同樣之規定。現行民法雖無明文，然代物清償之性質，旣應認爲有償契約之一種，則準用關於買賣之規定，（三四七條）使清償人負擔與出賣人同一之瑕疵擔保追奪擔保之責任。（三四九條以下及三五四條以下）於理論上固甚正當也。

因清償債務而對於債權人負擔新債務者，事實上往往有之。在承認更改制度之國家，則認爲新債務發生時，其舊債務應歸消滅，故新舊兩種債務，不能同時併存。我現行民法旣不採更改之制度，故於此等情形，除當事人另有意思表示外，概認負擔新債務爲淸償債務之方法，此種方法未履行前，則原有債務不能消滅（三三〇條）即新舊兩債務同時併存。此爲不採更改制度之結果，民法特以明文規定之，以杜爭議。

判例

債務人欲主張以他種給付代債務標的物爲淸償，應得債權人之承諾。（三年上字三九二號）

以產抵債，是爲代物淸償。如債權人任意受領，固與淸償有同一之效力，然債務人無爲代物淸償之權利，卽使於雙方均有利益，苟當事人間先無此項特約，法院自不能强制債權人之受領。（四年上字三八四號）

凡債務已由第三人爲代物淸償經債權人受領者，則該債權卽行消滅，債權人不得更向債務人請求淸償。（四年上字一一五五號）

債務人非經債權人承諾，不得違反債權契約之本旨，以他種給付代供淸償。卽

使關於該債權曾經設有擔保物權，而設定擔保物權之債務人，究不得强使債權人以擔保物抵償其債權。（七年上字八二七號）

代物淸償，本與淸償有同一之效力。（四年上字四一一號）

代物淸償，非依給付行爲實現債務之內容，乃代本來給付以他之給付，而同時消滅債權之契約也。（日本大正四年大審院判例）

代物淸償之時，不必以有體物代淸償，凡以給付代給付皆可。如債權之讓與，亦不外爲給付之一，自得以爲代物淸償之標的。（日本明治四十一年東京地方裁判所判例）

代物淸償，不外爲當事人契約之效力。故至於後日該當事人欲以契約消滅其效力，以不反於公共秩序善良風俗爲限，自屬無妨。（日本大正四年大審院判例）

債權人許債務人以他主給付代本來給付而亦得與淸償發生同一效力之時，

卽無論代物淸償之預約，不得謂其爲選擇債務。（日本大正元年東京地方裁判所判例）

第八款　淸償之抵充

第一項　抵充之意義

債務人對於同一債權人負擔給付種類相同之數宗債務，而其所提出之給付，不足淸償全部債額者，則其給付究應抵充何宗債務，事實上卽不免發生問題。例如甲對乙負擔百元五百元及一千元之三宗債務，而其所提出之給付祇爲七百元時，究應先消滅何宗債務，法律上應以明文規定之，庶足以解決實際上之爭議。此民法中所以又有淸償抵充之規定也。

淸償抵充問題之發生，必須具備左列三要件，否則不生抵充之問題，其要件如左：（三二一條）

（一）須債務人對於同一債權人負擔數宗給付。

債務人如僅負擔一宗債務者，若其所提出之給付不足清償其債務之全額，卽係不爲完全之給付，債權人本可拒絕受領而請求全部之履行。卽受領其一部之給付，而其債權額除在其給付之限度內消滅外，其餘部分依然存續，自不生抵充之問題。卽債務人負擔數宗債務，而非對於同一之債權人者，則對於何人提出給付，當然卽消滅對於該受領人之債務，亦不生抵充之問題。故抵充問題之發生，以對於同一債權人負擔數宗債務爲要件。惟其所負擔之數宗給付，不必在提出給付之當時均已屆清償期，卽未屆期之債務，祇須債務人得爲清償者，亦適用抵充之規定。

（二）數宗債務，須以同種類之給付爲標的。

給付標的若各別爲特定物者，則雖有數宗債務，亦應視其給付物爲何種特定物，而依債務之內容以定應消滅之債務。如提出古畫一幅，決不能消滅給付名馬之債務。提出古錢一枚，決不能消滅給付古鼎之債務。故雖對於同一債權人負擔數宗債務，而事實上亦不生抵充之問題。卽非給付特定物之債務，祇須其債務標的非屬於同一種類，亦不生抵充問題。例如債務人對於同一債權人負擔甲乙丙三宗債務，（甲）爲給付食米五石。（乙）爲給付牛肉十斤。（丙）爲給付煤油一桶。如債務人提出食米五石，應卽消滅甲宗債務。如交付牛肉十斤，卽應消滅乙宗債務。若提出煤油一桶，卽應消滅丙宗債務。故非在負擔數宗同一種類給付之債務，則不生抵充之問題。

（三）債務人所提出之給付不足消滅總債務。債務人提出之給付，如足以消滅總債務之全額者，則各宗債務應同歸消滅，無庸適用抵充之規定。惟其給付不能淸償各債務之總額，則應先抵充何部之債務，方有抵充規定之適用。

第二項　抵充之方法

淸償之抵充方法，可分爲左列三者說明之，

（一）由於契約上訂定之抵充。當事人得以契約定明抵充之辦法，債務人提出給付時，卽從其契約所定而爲抵充。債務人如違反契約所定單獨指定抵充之債務者，其指定不能認爲有效。

（二）由於淸償人指定之抵充。指定抵充之權，如預以契約訂明賦諸當事人之一造者，依契約自由之原則，原無不可。若當事人間事先未經約定，則指定之權，究應屬於何人，學者間之主張頗不一致，各國立法例亦不盡同。有規定指定權專屬於債權人者，有規定專屬於債務人者，有規定債權人與債務人有同等之指定權者，亦有規定原則上屬於債務人，而於債務人不行使時，債權人得行使者。我民法規定由淸償人於淸償時指定其應抵充之債務，（三二一條）惟據個人所見，指定抵充之權，原則上固應屬於淸償人，但於淸償人不行使其權利時，則不妨由債權人行使之，庶於實際較便，且於理論上亦甚適當也。

清償人行使指定權時，須於清償時爲之。如清償時不爲指定，卽應依法定順序定其應抵充之債務。

依法文所定，凡係清償人，均有指定抵充之權。債務人之代理人或第三人既均得向債權人爲清償，自亦應有指定抵充之權，故不以債務人本人爲限。

（三）由於法律上規定之抵充。

關於抵充之辦法，如當事人間未經約定，而清償人又未於清償時指定其應抵充之債務者，概依左列法定順序，定其應抵充之債務。（三二二條）

（甲）債務已屆清償期者，儘先抵充。

未屆清償期之債務，債務人固不妨於期前先爲清償，惟此時清償與否，屬諸債務人之自由，卽不爲清償，在法律上並不負何種責任。若已到期之債務，依法卽負有不得不爲清償之義務，如應爲清償而不清償，應卽負給付遲延之責任。故到期之債務，有應先爲清償之必要，債務中如有已到期與未到期之分，自應儘已到期之債務先行抵充，理固當然。

（乙）債務均已屆清償期或均未屆清償期者，以債務之擔保最少者儘先抵充。擔保相等者，以債務人因清償而獲益最多者儘先抵充。獲益相等者，以先到期之債務儘先抵充。

數宗債務中，如有已到期與未到期之分者，應依前款規定辦理。若清償期均已屆至或均未屆至者，則無論先抵充何宗債務，均與債務人之責任毫無影響，法文規定以債務人擔保最少者儘先抵充，蓋爲顧及債權人之利益也。擔保相等者，以債務人因清償而獲益最多者儘先抵充，例如利率較高之債務，應較利率較低之債務儘先抵充，蓋爲減輕債務人之負擔也。若債權人因清償所獲之利益不能分別多少者，則以先到期之債務儘先抵充，因到期在先之債務，本應先受清償也。

（丙）獲益及清償期均相等者，各按比例抵充其一部。

法律上規定抵充之先後，不外根據擔保之多少或淸償期屆至之先後或債務人因淸償而獲益之多寡以爲標準，而定其順序。若獲益旣相等，淸償期又無先後之分者，則法律上不能無所依據而强定其先後，故應各按比例抵充其一部。

此外尙有應加說明者，卽無論爲淸償人指定之抵充，抑爲依法定順序之抵充，除當事人間有特約另有訂定外，均應先抵充費用，次及利息，最後方能抵充原本。（三二三條後段）蓋費用乃因債務所發生，爲一時之支出，依其性質，自有應儘先淸償之必要。利息係由原本所產生，若不先於原本受淸償，則債務人於付本後往往置利息於不顧，爲保護債權人之利益計，亦應先於原本淸償也。凡淸償人提出之給付，如僅足淸償費用及利息者，依法不得先抵充原本。如所提出之給付僅足淸償費用者，不得先抵充利息。若淸償人之給付，不足淸償數宗債務費用之全額，或於淸償全部費用外，不足淸償各宗債務之利息總額者，則應先抵充何宗債務之費用或何宗債務之利息，應依第三百二十一條由清償人於清償時指定，或依第三百二十二條之法定順序定其先後。必須於抵充各債務之費用及利息之外尙有餘額，而後方可由清償人之指定或依法定之順序定其應先抵充之原本債務，此適用時應注意者也。

淸償人於提出給付時，於原本利息外，尙應支付費用者，爲事實上所恆見。如其給付足以消滅費用利息及原本之總額者，事實上自不生問題。否則不論其爲何宗債務，依法均應先抵充費用，次及利息，最後方及於原本。（三二三條）債務人負擔數宗債務者，則提出給付時，固應先抵充各債務之費用，次及各債務之利息。卽數宗債務中有應支付費用或利息者，有無庸支付費用或利息者，亦應先就應支付費用或利息之債務，先抵充其費用或利息，最後方能抵充各債務之原本。卽債務人僅負擔一宗債務，而其給付不足消滅費用利息及原本之總額，亦應依同樣之順序定其應抵充之部分。此蓋爲保護債權人之利益所加於債務人之限制也。

判例

債務人提出之給付不足消滅總債務時，若並未指定其應充當之債務，則應先充其已屆清償期者，若總債務均在清償期或均不在清償期，則應以債務人清償之利益較多者爲先。債務人利益相同時，則以清償期應先至者爲先清償期。及其利益均相同，則按各債務之額比例配充。（八年上字七三號）

債務人向同一債權人負擔同種類之債務數宗而所提出之給付不足消滅總債務者，債務人得於清償時指定其所充當之債務。（三年上字一〇三四號）

債務人對於同一債權人負同種標的之債務數宗，而其所提出之給付不足消滅總債務者，應由債務人指定其所充當之債權，若債務人不爲指定時，始得由債權人指定之。（四年上字三八二號）——本判決例與現行民法之規定不符，姑錄之以備參考。——

債務人對於債權人只有本息而爲給付者，如未得債權人特別之同意，自應以之先充利息之淸償，不能主張係屬還本。（三年上字七一八號）

第九款　受領證書

債之關係經合法淸償後，卽歸於消滅。（三〇九條一項）債之關係消滅者，債務人得請求返還或塗銷其字據。（三〇八條一項）而債權證書已返還者，卽可推定其債之關係已歸消滅。（三二五條三項）此在其他條文中已規定甚詳，是淸償人於債務淸償後，祇須請求返還其負債字據已足，似無更請求給與受領證書之必要。惟債之關係之發生，未必一一均立有字據，債權人主張債權時，亦不以持有書據爲要件，則在未立書據之債務，淸償人於淸償後，自不得不另求他項證據以爲消滅債務之證明。且卽在立有書據之債務，其債權證書之返還，僅可推定其債之關係已歸消滅，債權人如另有可信之反證，則書據雖返還，而其債之關係仍行存在，債務人仍不能不負淸償之責。可知書據之返還，其效力亦不過僅在於無反證時可以推定其債務已歸消滅，並非有絕對的效力。則爲求得更可靠之證明起見，亦不得不於返還字據以外，另請求交付受領證書以爲證明，此民法中所以又有受領證書之規定也。（三二四條）清償人之請求交付受領證書，是否得與其清償交換爲之，在法律並無明文。然依理論言，應解爲得與清償同時交換爲之。惟債權人並無先行給與受領證書之義務，故清償人不得於未清償前請求交付，固不待言。

關於受領證書之性質，學者間有解爲單純之證據方法者，有解爲受領證書即係承認債務不存在之契約成立者，有解爲授受受領證書，即成立證據契約者，在清償人與領受清償人之間之授受，究係何種作用，固不能一概而論，惟依民法規定受領證書之本意觀之，應以解爲單純之證據方法爲當。

受領證書之作用，既足以爲消滅債務之證據方法，則清償人持有該項之受領字據，即足以證明該項債務已歸消滅。故持有受領一期利息或其他定期給付（

如房租之類）之受領證書者，則在該受領證書中所載明之一期利息或其他定期給付，自可證明已經消滅。至該期後發生之利息或其他定期給付，絕不能由此亦證明業經消滅，固不待言。卽在該期前之債務，（指利息及其他定期給付）亦不能由此證明亦歸消滅，理固當然。惟利息及定期給付之債權，通常均係按期收取，清償時均係按其發生之先後而爲清償，若先清償在後之債務，而保留在先之債務，則事實上絕少其例。故凡持有一期給付之受領證書而未爲他期之保留者，卽可推定以前各期之給付爲已淸償。（三二五條一項）又利息債權，通常均先於原本而受淸償，故債權人如給與受領原本之證書者，可以推定其利息亦已受領。（三二五條二項）債權證書爲債權存在之證明，債權證書如已返還者，亦可推定其債之關係已歸消滅。（三二五條三項）惟推定仍許反證，故祗於無反對證據時方見其適用。

判例

普通欠票或借劵，固足爲債權存在之有力證據，然債務人如能舉出確切反證，證明其債務實已清償者，則欠票或借劵縱尚存於債權人之手，亦不能不認其債權已經消滅。（五年上字人三號）

依清償以外之原因致債權全部歸於消滅之時，債務人就其債權證書，亦有請求返還之權。（日本大正三年大審院判例）

第三節　提存

第一款　提存之性質

提存者，謂清償人於具備一定條件之下，得將其給付物提交於提存所以代清償，而使其債務關係歸於消滅之方法也。按債務人依法負有履行債務之義務，非依債務本旨提出清償並經債權人（或其他有受領權人）受領者，其債之關係不能消滅。如給付提出後，而債權人拒絕受領或不能受領者，雖在債權人方面，依法應負受領遲延之責任，但債務人之淸償義務，並未嘗因此消滅，又或事實上不能確知孰爲債權人而難爲給付者，其債務關係亦無法使其消滅。惟債之關係永久存續，是債務人之債務永無消滅之日，於債務人實極不利。爲保護債務人起見，自不得不另謀救濟之道。提存者，卽應此需要而生之制度，所以使債務人之債務得早日消滅也。

提存之性質如何，有謂爲國家機關以非訟事件行使之公法上的法律關係者，有謂爲提存人與提存所間之私法上的契約者，據學者間一般之通說，以主張後說者占多數。

提存應認爲私法上之契約，固無問題。惟究爲何種之契約，則學說上之主張又復不同。有謂提存係淸償之要約者，有謂爲寄託契約者，有謂爲爲第三人之契約者，亦有謂提存係包含寄託與爲第三人所爲契約之行爲者，據實際上觀察，凡淸償人爲提存時，必須將提存物交付於提存所爲之保管，實有寄託契約之性質；而債權人又有直接向提存所請求交付提存物之權利，亦含有爲第三人契約之性質；故應以最後一說爲最近理。

何人得爲提存，亦一問題。債務人得爲提存，固無疑義。至第三人是否亦得爲提存，立法上尚不一致。德民法規定僅有債務人得爲提存，而學者間之通說，則可認第三人亦得爲提存。依理論言，第三人既得爲債務之清償，又可爲代物清償，何獨至於提存而不能。我民法明定清償人得將其給付物爲債權人提存，（三二六條）法文既未限於債務人，則解釋上第三人自亦得爲提存，不待言也。

第二款　提存之要件

（一）得爲提存之給付標的，須爲物體，

提存既含有寄託契約之性質，則寄託以物之交付爲成立之要件，（五八九條一項）如給付標的僅爲債務人之行爲或不行爲，或單純之勞務者，則其性質上無提存之可能，故給付標的之可得提存者，限於物體。

（二）給付之標的物，須適於提存者。何種物體方得爲提存，法律上雖無限制明文，然物體之不適宜於保管者，自不得爲之提存。故給付物如有毀損滅失之虞（如爆裂物）或易於腐敗（如水果鮮肉）或提存需費過鉅者（如價值甚低之動物而需過多之飼養費者）不得爲之提存。但淸償人得依拍賣之方法而提存其價金。得爲提存之物，是否限於動產，亦一問題。在立法例中，有以明文規定限於金錢有價證券或其他證書及重價物之類方得爲提存者，有不以明文限定而讓之於解釋者，學者間之主張，亦復不一。有主張提存物應限於動產者，蓋以交付不動產之義務人，得因占有之拋棄而免其債務，（二四一條）無庸更爲提存。且提存須將給付物保管於提存所，而不動產事實上不能交付於提存所，於保管上殊不便利也。有主張不動產亦得爲提存者，其理由以爲拋棄占有，祇得於債權人遲延後方得爲之，若因不能確知孰爲債權人而難爲給付者，則事實上仍有適用提存之必要。如認不動產不得爲提存，卽於債務人之保護仍有不週，且不動產亦非無保管之方法，被保管之物體，亦不必皆須提交於提存所也。近代學者間之主張，以贊成後說者爲多，且有主張擴大提存範圍而認許其他權利亦得提存者。我民法關於得爲提存之給付物，旣無限於動產之明文，則解釋上不動產自亦得爲提存。卽應由法院選任保管人以保管之也。

（三）須在債權人遲延或不能確知孰爲債權人而難爲給付時。（三二六條）提存爲清償之代用，祇於無法清償時，方得爲之。例如債權人死亡而繼承人未定，或主張債權者有數人而不知孰爲眞正債權人而難爲給付者，始得用提存之方法以代清償。至不知債權人之原因，是否限於債務人無過失時，在法文上旣未明定，則縱因債務人之過失而不知，亦仍得爲提存。又雖非不知孰爲債權人，而提出給付時，經拒絕受領或不能受領者，亦得將其給付物爲之提存。若清償並無困難，而債權人又無受領遲延之情形者，自應依法清償，不得以提存代之也。

提存既限於受領遲延或有其他難爲給付之情形時方得爲之，故給付之無須債權人之協力而由清償人一方之行爲可以清償者，自不生提存之問題，不得言也。

第三款　提存之方法

（一）應於清償地之提存所爲之。

清償應於清償地爲之，清償地以外之給付，卽不合於債務之本旨，債權人得拒絕受領。提存既爲清償之代替，故亦應於債務清償地之提存所爲之。如於清償地以外之提存所爲提存，則其提存爲無效。

清償地如無提存所者，清償人得聲請該地之初級法院指定提存所或選任保管提存物之人。（三二七條一項）

（二）提存後應卽通知債務人。

提存人於提存後，應即通知債權人。如怠於爲此通知，對於債權人因此所生之損害，應負賠償之責。但提存人事實上不能爲通知者，不在此限。如不知孰爲債權人時是也。（三二七條二項）

判例

債務人於爲提存之後，須速通知債權人，若怠於通知時，仍應負損害賠償之責任。（三年上字六八四號）

提存處所，爲提存通知之必要事項，蓋提存處所之爲何處不使債權人知悉，而令債權人負遲延之責，自屬不合。（三年上字六八四號）

提存之通知，原則上固須對於債權人爲之。但債務人不能確知債權人之所在，則通知中人亦可認爲有效。（三年上字六八四號）

第四款　提存之效力

關於提存之效力如何，學者間之主張不一，立法例亦復不同。有認合法之提存當然生消滅債之關係之效果者，有認提存僅能對於債權人之請求成立抗辯使就提存物受清償，必至提存人不得取回提存物時，其債之關係始行消滅者。依吾人所信，提存既爲清償之代用，則適法之提存，自應與清償同樣發生消滅債之關係之效果。在採反對說者之理由，不外謂提存人於提存後尚可取回其提存物，若認合法之提存當然生消滅債之關係之效果，則遇有提存人取回其給付物時，是又使已消滅之債歸於復活，於理論上誠不可通。是說也，在採用提存物得取回之立法例，當不無相當之理由，若我現行民法，既無提存人得取回提存物之明文，則對於適法之提存，自不得任意取回，且列提存於債之消滅一節內，則解釋上自以前說爲當，固無疑義。

提存既有消滅債之關係之效果，故一經合法提存，則債務人之義務由此消滅。給付物如於提存後因天災事變而有毀損滅失等情事，由債權人負擔其危險。如因提存所之過失而受損害者，債權人亦祗能依法向該提存所請求賠償，而不得對於債務人更有所請求。附加利息之債權，自提存時起，債務人無須支付利息。債務人對於給付物負收取孳息返還於債權人之義務者，自提存後，無須賠償其因未收取而生之損害。（三三二八條）

判例

債務人將清償之標的提存後，債權人應擔負其物滅失損毀或落價之危險。惟所謂標的物者，自指當事人之約定者而言。如約定以現金給付爲標的，債務人强欲以業經落價之紙幣或有價證券爲給付，而又不肯按市價折合現金者，則在債權人自得拒絕受領，雖經債務人將該項紙幣或有價證券提存，嗣後更行落價，亦非債權人遲延所致，自不能令其負擔由此所生之損失。（最高法院十七年上字八三三號）

依提存原則，清償之標的物提存後，其物滅失或損毀之危險，應歸債權人負擔。則債務人以當時尙有價格之通行紙幣合法提存，其後該紙幣雖更趨於低落，

而債權人仍應按提存日之市價收領，負擔提存後之危險。（十二年上字七〇八號）

債務人遇債權人領受淸償標的物有遲延時將淸償標的物提存於債務履行地之得受提存處所或訴訟當事人將應行淸償標的物提存於審判衙門者，卽免除其債務。（三年上字七〇六號）

債權人有遲延或其他事由債務人得將淸償之標的物爲債權人提存之而免其債務。淸償之標的物一經債務人提存之後，債權人擔負其物滅失或毀損之危險，債務人不任支付利息及其他賠償之責。（三年上字六八四號）

若淸償標的物提存後，因保管處所之過失或其他事變致滅失毀損者，債權人祇可自認損失，或依法向該保管處所請求賠償，而不得再向原債務人請求淸償。（三年上字七〇六號）

第五款　提存物之受領

給付物之提交於提存所，原所以使債權人得逕往受領。故債權人對於提存物有隨時向提存所受取之權利，惟在雙務契約，一造之提出清償，係對他造之給付而爲之，在他造未爲對待給付前，本得拒絕自己之給付，（二六四條）此項同時履行之抗辯權不能因提存而喪失，故在他造未爲對待給付或提出相當擔保前，得阻止其受取提存物。（三二九條）

債權人關於提存物之權利，因十年間不行使而消滅。（三三〇條）此項期間，當然爲時效期間之一種。其起算點法文明定自提存後開始，惟在提存後，未受通知前，債權人既不知有提存之事實，卽無從而受取其提存物，則時效期間，自不能於未受通知前開始進行。舊民律草案定爲自債權人受提存之通知時起算，較爲適當。但提存人於提存後負有卽行通知之義務，（三二七條二項）若因怠於通知致債權人因罹於時效而喪失其受取提存物之利益，則債權人自不妨依第三百二十七條二項之規定向提存人請求損害賠償，亦不致因此受損也，債權人對於提存物之權利，既因罹於時效而喪失，則債權人之不能受取提存物，固不待言。惟債務人此時能否取回其提存物，則立法例尚不一致，我民律草案准許債務人得取回其提存物，享有與時效同一之利益，現行民法則明定歸於國庫，（三三〇條）債務人不得主張取回。蓋提存原爲消滅債務而爲之，一經提存，則其目的已達，而當事人間之債之關係已不存在，自無再許債務人取回其提存物之理也。

第六款　給付物之拍賣

（一）得爲拍賣之給付物。

給付物如適於提存者，自應提存其給付物，不得由清償人任意變賣而提存其價金。因拍賣之結果，多於債權人不利也。惟給付物如不適於提存或其物有毀損滅失之虞或提存需費過鉅者，提存人得依一定之程序拍賣其給付物而提存其價金。（三三一條）如此項給付物有一定之市價者，則清償地之初級法院得許可清償人照市價出賣而提存其價金。（三三二條）因旣有市價，卽不依拍賣程序，亦不致以低價受損，至出賣之結果，其價金不得低於市價，更不待言。

（二）拍賣之處所。

拍賣應於清償地爲之，此與清償債務同。（三三一條）

（三）拍賣之機關。

拍賣應聲請清償地之初級法院爲之，（三三一條）不得由清償人任意變賣，庶足以得相當之價金而保護債權人之利益。惟在拍賣法未公佈施行前，得照市價變賣，但應經法院公證人警察官署商會或自治機關之證明。（債編施行法一四條）

第七款　提存之費用

提存爲清償之代用，前已屢言之矣。清償費用旣應由債務人負擔，則提存之費用，似亦無歸諸債權人擔負之理。惟因提存所生之費用，並非債務人淸償債務所必要之費用。不過因債權人遲延或不能確知孰爲債權人而難爲給付時（三二六條）所用之代替方法而生之特別費用如果債權人方面不發生第三百二十六條所定之事由，則債務人本可依通常債務之履行方法而爲淸償，則提存之費用，根本卽無由發生。可知因提存所生之費用，係因債權人一方之事由所增加之特別費用，依據公平之原則，自應歸諸債權人負擔。其因拍賣及出賣所生之費用；本於同一理由，亦應由債權人擔負。（三三三條）

第四節　抵銷

第一款　抵銷之性質

抵銷之制度，爲羅馬法以來各國所公認，抵銷之實益，卽在實際上之便利與結果之公平何以。言之？蓋在兩造互有債權互負債務時，若不依抵銷之方法互相對銷，則甲應向乙爲淸償而受領乙之給付，乙應向甲爲淸償而受領甲之給付，彼此往返接受，徒費勞力耗時間於無用之地。若採用抵銷之規定，祇須一方向他方表示抵銷之意思，則雙方之債權債務卽由此歸於消滅。無給付受領之勞，而有節時省費之益，其便利誠不待言。且抵銷之結果，又最合於公平之原則。因兩造互有債權互負債務時，如果由雙方各自爲現實之淸償，則有時一方已給付，而他方故爲遲延，或一方已爲全部之履行，而他方無力一次淸償，事實上雙方所得之利益，與其所爲之給付，未必一一確相均衡而絕無軒輕，若依抵銷之方法，則各按其應負之債額兩相對銷，絕無損此益彼之弊，此其所以又最合於公平之原則也，

抵銷之性質如何，學者間之主張頗不一致。有認抵銷爲特種之淸償者，有認抵銷爲代物淸償者，有認抵銷係與留置權爲同一之制度者，有認抵銷係債權人將自己對於債務人所負擔之債額淸償自己之債權者，有謂抵銷係債權人命債務人將該債額向債務人自爲淸償者，惟據近代學者一般通說，則認抵銷係爲適合

便宜與公平起見，法律上所認許之獨立的債之消滅之原因也。

關於抵銷之立法例，可概括分為三種。（一）抵銷必須本於債權人與債務人間之契約，否則不得為抵銷。（二）祇須有債權對立之事實並具備一定要件時，即當然抵銷。（三）具備一定要件時生抵銷權，為抵銷之人，尚須以意思表示向他方為之。我民法定明於二人互負債務並具備一定要件時，各得以其債務與他方之債務互相抵銷。（三三四條）而行使抵銷權時，尚應向他方以意思表示為之，（三三五條一項）固係採最後之立法例也。

第二款　抵銷之要件

（一）須二人互負債務。（三三四條）

抵銷原以消滅雙方之債之關係為目的，故必須雙方互負債務，而後方有抵銷之可言，否則不生抵銷之問題。當事人間在初雖互負債務，然若其後一方之債務已因某種事由而消滅者，則他方不得以其債務與對方已消滅之債務更主張抵銷。惟於此有應注意者，卽債之請求權如係因消滅時效之完成致歸於消滅，而在時效未完成前，其債務已適於抵銷者，仍得爲抵銷。（三三七條）此蓋因當事人間，對於具備抵銷要件之債，往往誤信爲當然消滅。或靜待對方之請求履行，而自己方爲抵銷之主張，如對方不請求，則始終持之以靜默，此種事例，在實際上占最多數。若因此致消滅時效之完成而遽使喪失其抵銷之利益，於人情上未免太苛，此立法上所以於此特別例外規定也。

（二）雙方所負債務，須爲同種類之給付。（三三四條）

抵銷之制度，原爲實際上之公平與便利而設。雙方所負債務，旣爲同種類之給付，則各依其所負債額彼此互相對銷，實最便利與公平。若其給付非屬於同一種類，則兩方各欲得對造之給付，必均有其各別之目的，如仍强令爲抵銷，卽不能達到當事人本來之目的也。故如給付金錢與給付米穀之債務，不得相互抵銷。

得以互相對銷之債務，祇須其給付屬於同一種類，至其發生之原因如何，可以不問。故給付價金之債務與返還存款之債務，不妨相互對銷。但因故意侵權行為而生之債務，其債務人不得主張抵銷，（三三九條）是為例外。有擔保之債務與無擔保之債務，祇須其給付為同一種類，亦得互為抵銷，蓋擔保係為債之履行而設，非其債之本身因此而有若何之差異也。清償地雖不相同之債務，法律上為實際之便利起見，亦明定得為抵銷。但為抵銷之人，應賠償他方因抵銷所生之損害。（三三六條）如他方因抵銷不得於清償地受領給付之損害是也。

（三）雙方之債務，須均屆清償期。（三三四條）清償之期限，原為債務人之利益而設。未到期之債務，債權人不得請求清償。故若將自己已到期之債務，與他方未到期之債務主張抵銷者，即係不合抵銷之要件。因已到期之一方，本有先向他方清償之義務，而未到期之他方，尚可享其期間之利益也。然若將自己未到期之債務，與他方已到期之債務主張抵銷，則無不可。因債務人自願拋棄其期間之利益，法律上無禁止之理也。惟依其債務之性質，不得於期前爲淸償，或當事人間有反對於期前淸償之表示者，不得爲之。斯應注意者。

（四）須債務之性質可以抵銷者。（三三四條但書）債之性質，有須實在淸償，不得爲抵銷者，如對於扶養請求權人所負擔之債務，不作爲之債務，及其他有專屬性之債務是也。債務之性質，雖非不可抵銷，然如當事人間預有反對抵銷之意思表示者，自應尊重當事人之本意，不得由一造主張抵銷。

（五）須非法律上禁止抵銷者。雙方互有債權互負債務時，雖以得抵銷爲原則。然有時因基於公益上之理由，或爲保護第三人之利益起見，對於左列諸種債務，縱具備其他要件，亦概明定爲不得抵銷。

（甲）禁止扣押之債，其債務人不得主張抵銷。（三三八條）

法律上因基於公益上之理由爲維持債權人生活上必要之資料起見，而禁止扣押之債權，須使權利人實際獲得債務人之現實的淸償，方足以貫澈立法之精神。若許其債務人得主張抵銷，卽不能達到禁止扣押之目的，此法律上所以特設不得抵銷之規定也。

（乙）因故意侵權行爲而生之債其債務人不得主張抵銷。（三三九條）。

因故意侵權行爲而負擔之債務，若許其與被害人之債務兩相抵銷，則遇有債務人不能淸償其負擔時，則加害人卽不免以抵銷之意思故意侵害被害人之權利以洩其私憤是卽無異獎勵爲侵權行爲其不當固不待言，法律上所以於此特設禁止抵銷之規定，職是故也。惟因過失致侵害他人權利而負擔債務者，則不在禁止抵銷之列，其債務人自得向其債權人主張抵銷，不待言也。
因故意侵權行爲而生之債，法文明定其債務人不得主張抵銷，若債權人主張抵銷，則非法律所禁，斯又應注意者。
（丙）受債權扣押命令之第三債務人，於扣押後，始對其債權人取得債權者，不得以其取得之債權與受扣押之債權爲抵銷。（三四〇條）
所謂受債權扣押命令之第三債務人，例如甲對乙有債權，乙對丙亦有債權。甲因其債權之强制執行或保全將來之强制執行而就債務人乙對丙所有之債權聲請法院爲扣押或假扣押，經由法院對丙發給禁止支付之命令者，此時丙卽爲受債權扣押命令之第三債務人。嗣後丙對於乙所負之債務，不得對其本來之債權人乙爲淸償，乙卽喪失其對丙受領淸償之權利，而由甲以代之。丙若於受扣押命令後對於其本來之債權人乙新取得債權者，不得以其所取得之債權與受扣押之債權互爲抵銷，因如准其抵銷則扣押之債權毫無實益，不能達扣押之目的也。惟丙在受扣押命令前對於乙所取得之債權則不妨與受扣押之債權互相抵銷。因於此情形，丙在未受扣押命令前，已得抵銷之權，不能因甲之聲請扣押或假扣押而受影響也。

（丁）約定應向第三人爲給付之債務人，不得以其債務與他方當事人對於自己之債務爲抵銷。（三四一條）

約定債務人應向第三人爲給付之契約，卽第二百六十九條所定利他契約是也。依利他契約之規定，要約人雖亦處於債權人之地位，但祇有請求債務人向第三人爲給付之權，而不得請求債務人對自己爲履行。債務人亦祇能對第三人爲淸償，不得向要約人爲給付。債務人所負之債務，旣不能對要約人爲淸償，則本於當然解釋，債務人自不得以其債務與要約人（卽條文所稱他方當事人）對於自己之債務爲抵銷，否則，卽根本違反利他契約之本旨，此固利他契約之性質上當然之結果，而無待明文規定者。故民法第三百四十一條所定，實係贅文。

判例

債權抵銷之要件有四：（一）當事人須互負同種標的之債務。（二）雙方之債務均已至淸償期。（三）須依債之性質及法律上准許其抵銷。（四）須當事人未豫表示反對之意思。以上要件有一不備，不得主張抵銷。（四年上字三一六號）

抵銷債務之要件，所謂雙方債務須有同一種類之標的者，係指爲債權標的之給付，須係同一種類而言，非謂債務之原因須同一，又所謂須當事人未曾表示反對之意思者，係指當事人於主張抵銷以前未經約定其債務不許抵銷而言，非謂抵銷須兩造之合意。（七年上字五〇〇號）

債務之抵銷，須具備種種條件，而雙方債務均已到期，亦爲條件之一種。故即其他條件均已具備，苟一方債務尙未到期，而他方遽欲援用抵銷法理拒絕履行者，自屬不合。然主張抵銷之始，一方債務雖未到期，而若因此成訟，於訴訟中間，該條件業已完成者，審判衙門不能不認抵銷之爲合法。（三年上字六〇八號）

普通債權，亦得與有擔保之債權抵銷。（四年上字九五四號）

二人互負同種標的之債務均至淸償期者，各債務人得以自己之債權與相對人之債權互相抵銷。其抵銷係爲兩造節省淸償程序起見，並不限於同一之債務履行地，卽債務履行地各異者亦得抵銷之。（四年上字一三四四號）

二人互負同種標的之債務均至淸償期者，卽得主張互相抵銷，原不限於雙方之債務其數額必相同一。（五年上字八一五號）

因消費貸借預約有借受金錢之權利者，在其預約未成爲本契約之時，對於該預約者負擔之債務，不能主張抵銷。（日本明治四十五年大審院判例）

債權人對於保證人未確至絕對得以請求履行之時期，其保證債務，性質上尙

不適於抵銷。（日本大正三年大審院判例）

第三款　抵銷之方法

二人互負債務且具備其他抵銷要件時，各得對於他方主張抵銷。當事人之一造，爲抵銷時，應以意思表示向他方爲之。（三三五條一項）此種意思表示，一經到達他方，卽生效力，無容得他造之同意，故抵銷爲單獨行爲之一種。

抵銷之意思表示，不得附有條件或期限。（三三五條二項）蓋抵銷之制度，原爲事實上之省便而設，若准附加條件或期限，則其效力如何，尙未決定，卽當事人間之債之關係，仍不能確定消滅，顯與立法上之本旨不符，故必須爲單純之意思表示方爲有效也。

判例

抵銷債務之要件，所謂雙方債務須有同一種類之標的者，係指爲債權標的之給付，須係同一種類而言，非謂債務之原因須同一。又所謂當事人未曾表示反

對之意思者，係指當事人於主張抵銷以前未經約定其債務不許抵銷而言，非謂抵銷須兩造之合意。（七年上字五〇〇號）

二人互負同種類標的之債務均已至清償期者，如合於其他抵銷條件，均得對於相對人主張以自己之債權與之抵銷。（四年上字三一八號）

第四款 抵銷之效力

抵銷爲債之消滅原因之一種，故債務一經抵銷，則當事人間之債之關係卽歸消滅。如相互抵銷之債額不同一者，則按照債務之數額而消滅。（三三五條一項）超過抵銷數額以外之債，仍依然存續，不待言也。

抵銷之結果，不僅自爲抵銷時起向將來發生效力，且溯及最初得爲抵銷之時發生效力。（三三五條一項）所謂最初得爲抵銷之時，卽雙方互負債務且具備抵銷要件之時是也。故雖爲抵銷之意思表示在後，而當事人間之債之關係，則溯及最初得爲抵銷之時而消滅。故如附有利息之債務，自最初得爲抵銷之時起，以後卽無須支付利息，亦不負擔給付遲延之責任，斯應注意者。

判例

債務之抵銷，應溯及應爲抵銷時生債權消滅之效力。（四年上字八七七號）

債務之抵銷，無論意思表示之遲早，均應溯及宜爲抵銷時就兩造債務相當額發生消滅之效力。（四年上字一九三五號）

第五節 免除

債權人向債務人表示免除其債務之意思者，謂之債務之免除。當事人間之債之關係，經免除後，卽歸消滅，（三四三條）故免除亦爲債之消滅之一原因。

債務經免除者，其債權人喪失其權利，債務人卽不再負給付之義務。故免除爲債權人拋棄其權利之行爲，債權人一經向債務人表示免除之意思，無容得債務人之同意，而卽發生消滅債之關係之效果，故免除爲單獨行爲之一種。債權人表示免除之意思時，不限於何種方式，且不限於明示，卽默示免除之意思，亦同樣發生消滅債之關係之效果。惟免除之意思，必須向債務人表示之，若僅向第三人表示免除某人債務之意思，則不能生效。

在各國立法例中，認債務免除爲單獨行爲者尙屬少數。多數國家之立法例，均以債務免除爲契約。其理由以爲債務爲相對的義務，債務之免除，自須得對方之同意，方能有效。設債務人不願享受免除之利益，則債權人亦不能强之以必受。學者間主此說者亦不在少數。惟債權爲財產權之一種，凡財產權均得由權利人一方之意思拋棄之，則債權人自願拋棄其債權時，自無獨須得債務人同意之理由。且債務經免除者，債務人卽脫卸其義務，於債務人有利而無損，則債務人亦決無不願之理。此我民法所以不認免除爲契約，規定祇須債權人一方向債務人表示免除之意思而卽生消滅債之關係之效果也。

債務免除，爲無因行爲之一種。故債權人對債務人免除債務之原因如何，可以不問。蓋其原因，非債務免除之成立要件也。

判例

凡債務經債權人表示免除之意思，卽應發生效力，債務人之是否承諾，在所不問。（九年上一〇三八號）

僅過期不行使其債權，並無消極動作可以認爲有默示免除之行爲者，不得謂其債權爲已消滅。（五年上字六三一號）

免除債務，爲權利之拋棄，本以債權人單獨行爲爲已足。故債權人對於債務人以自由明確之意思表示免除時，當然應生效力，受其拘束，不得任意履行撤銷。（五年私上二五號）

債權人因得對於債務人表示捨棄其債權之全部或一部，然苟出於無權限者（非眞債權人）之行爲，則不能生效。（三年上字三二〇號）

第六節　混同

債權與債務同歸於一人時，債之關係歸於消滅。（三四四條）蓋債之關係，爲債權債務之相對的關係，債權人與債務人之兩種資格，不能併存於一人之身。因無論何人，不能對自己負擔債務，亦不能對自己享有債權也。故如債權人繼承債務人或債務人承繼債權人或第三人承繼債權人與債務人時，即係將債權人與債務人之兩種資格歸屬於一人，其結果自然使其債之關係歸於消滅。

混同固以消滅債之關係爲原則，但其債權如係他人權利之標的者，則不因混同而消滅。（三四四條但書）例如甲對乙有千元之債權，而以之爲丙設定質權者，此時甲之債權，即係丙之質權之標的。故雖其後甲承繼乙或乙承繼甲，而其債之關係仍不消滅，丙之質權，依然存續。此無他，因丙之權利，不能因甲乙間之混同而喪失也。又法律上如另有不因混同而消滅之特別規定者，亦應依其規定。（三四四條但書）

——完——

中華民國二十年六月初版

民法債編總論（全一册）

△（定價大洋一元五角）
（外埠酌加郵費匯費）

版權所有
翻印必究

編著者　李謨　黃景柏
主編者　汪翰章
鑒定人　石頴
發行人　沈駿聲　上海北福建路二號
發行者　大東書局　上海四馬路九十九號
印刷者　大東書局　上海北福建路二號
發行所　大東書局　上海四馬路暨各省

上海大東書局出版

法律讀物

解釋艱深的法學疑義

貢獻切實的法學常識

法官‧律師‧學生‧民衆‧不可不備

完全專家學問的結晶，科學整理，精密校勘，明快暢達，切合實用

刑事訴訟法釋義	一冊	一元四角	七折
刑法釋義	一冊	一元八角	七折
商標法釋義	一冊	四角	七折
違警罰法通詮	一冊	一元九角	九折
破產法原論	一冊	七角	九折
國際勞工立法	一冊	六角	九折
平時國際公法問答	一冊	五角	六折
戰時國際公法問答	一冊	三角	六折
白話解釋違警罰法	一冊	二角	七折
刑法	一冊	三角	六折
刑事訴訟法	一冊	三角	六折